ENTRE AQUI E LÁ
COMPREENDENDO A PERSONALIDADE *LINK*

SUSANA BALÁN

ENTRE AQUI E LÁ
COMPREENDENDO A PERSONALIDADE *LINK*

Tradução de Cristina Reis Caminha

Rio de Janeiro | 2024

© Susana Balán, 2023

Título original
Entre aquí y allá - comprendiendo la personalidad link

Tradução
Cristina Reis Caminha

Copydesk
Natália Miranda

Revisão
Lara Alves

Editoração Eletrônica
Flex Estudio

Design de capa
Carmen Torras para www.gabientedeartes.com.br

Adequado ao novo acordo ortográfico da língua portuguesa

CIP-BRASIL. CATALOGAÇÃO NA PUBLICAÇÃO
SINDICATO NACIONAL DOS EDITORES DE LIVROS, RJ

B144e

Balán, Susana
  Entre aqui e lá : compreendendo a personalidade link / Susana Balán ; tradução Cristina Reis Caminha. - 1. ed. - Rio de Janeiro : Gryphus, 2024.
  176 p. ; 23 cm.

  Tradução de: Entre aquí y allá : comprendiendo la personalidad link
  ISBN 978-65-86061-89-5

  1. Personalidade. 2. Psicanálise. I. Caminha, Cristina Reis. II. Título.

24-93792

CDD: 155.23
CDU:159.923.3

Direitos para a língua portuguesa reservados, com exclusividade no Brasil para a
Gryphus Editora
Rua Major Rubens Vaz, 456 — Gávea — 22470-070
Rio de Janeiro — RJ — Tel: (0XX21)2533-2508
www.gryphus.com.br — e-mail: gryphus@gryphus.com.br

Nas margens era onde eu gostava de estar, nem dentro nem fora, nem uma coisa nem outra, parcialmente desconectado, um companheiro de viagem nato, um macho afeminado, um observador entre estranhos amigáveis.
– Ian Buruma, A Tokyo Romance: A Memoir

Detesto jogar tênis, detesto-o com todo meu coração e, mesmo assim, continuo a jogar, continuo a bater bolas toda a manhã e toda a tarde, porque não tenho escolha. Não importa o quanto eu queira parar, não consigo. Continuo a implorar a mim mesmo para parar, mas continuo a jogar. E esse fosso, essa contradição entre o que quero fazer e o que realmente faço, me parece a essência da minha vida.
– Andre Agassi, Uma autobiografia

Não querendo tomar essa decisão, passei um ano caminhando de uma ponta a outra de Manhattan. Como um turista, observava a variedade de possibilidades humanas que se apresentava, tentando traçar meu futuro nas vidas das pessoas que via, procurando alguma abertura pela qual pudesse voltar a entrar...
– Barack Obama, Sonhos do meu pai: Uma história sobre raça e legado

Onde está realmente a vida?... Pergunto-me (sem intenção, é claro, de obter uma resposta) se os sentidos, incomodados por um arrepio inoportuno, não alertarão a consciência para a chegada recorrente daquela primeira tristeza infantil. Somos tão casuais, frágeis, tão simples assim? Somos, entre outras coisas, a criança cuja alma sofrida vagará sempre errante pelas outras idades da vida?
–Luis Landero, El balcón de invierno

Não aqui não lá, mas entre aqui/lá.
– Octavio Paz, Poema circulatorio

Agradecimentos

Esta é a história da busca de um livro.

Entendi que tinha chegado onde queria, quando, depois de lerem o manuscrito, vários jovens me disseram: "como você escreveu meu diário se eu não o escrevi?" E vários adultos mais velhos comentaram: "isso é incrível. Ao ler este livro lembro de como sofri por tantos anos em minha vida. Agora que respiro mais em paz e não tropeço tanto o tempo todo, já não me lembrava de como havia sofrido". Este livro me encontrou e, por sua vez, eu descobria que esse era o livro que procurava.

Tudo começou quando me mudei para Manhattan, em dezembro de 1998. Em poucos meses, o Dr. Albert Levy, um conhecido médico de família, com uma longa história de trabalho clínico em diferentes partes do mundo e em vários idiomas, além da linguagem universal do corpo, começou a me encaminhar clientes, dizendo: "essa pessoa é para você", sem explicar o porquê. Aos poucos, comecei a perceber o que essas pessoas tinham em comum: eram diferentes, sentiam-se estranhas, não se "encaixavam". No entanto, ao mesmo tempo, eram bem-sucedidas em algumas áreas de suas vidas - algumas profissionalmente e não afetivamente, outras afetivamente e não profissionalmente, outras tanto profissionalmente quanto afetivamente -, mas continuavam insatisfeitas e sentiam-se ingratas por não conseguirem desfrutar dos privilégios de suas vidas.

Comecei a chamá-las e a me chamar de "mutantes". Estávamos quebrando a corrente de nossas origens familiares, sociais e culturais. Mas eu não entendia do que se tratava essa mutação. Para onde estávamos indo?

Nessa época, reuni minhas ideias sobre os caminhos do amor, do poder e da integração em um livro chamado *Caminos* (2007), o que pareceu organizar as informações que acumulara no meu trabalho diário. Nadam

Guerra criou diagramas abstratos, inventando uma linguagem gráfica para facilitar a visualização dos mapas de cada um destes caminhos. Os caminhos de integração representados graficamente neste livro foram sementes para uma pesquisa diferente das pesquisas convencionais.

Procurei descobrir, então, a direção dessa busca "singular", que, naquele momento da vida eu já havia entendido que era também minha, organizando um encontro de várias pessoas que pareciam compartilhar essas estranhezas no seu modo de viver.

Fracasso total. Todos muito amáveis, mas ninguém queria estabelecer intimidade com aqueles outros que eu dissera que se pareciam entre si. Um deles me disse com toda clareza: "por que devo acreditar que pertenço a um grupo? Não quero ser membro de um clube que me aceite como sócio, porque em qualquer clube algo irá me faltar ou sobrar para que eu possa me encaixar como se espera".

Continuei, então, trabalhando individualmente e a cada vez a cadeia de recomendações se tornava mais longa. Quando me indicavam alguém, diziam, "por favor, atenda-a, essa pessoa é para você". Em uma mistura de inglês, português, espanhol, portunhol e francês, continuava a crescer meu entendimento do que tinham em comum a partir da primeira pista fornecida pelo Dr. Levy, que notara uma coincidência de sintomas psicológicos que iam além das patologias mais conhecidas.

Em 2011, Carlos Neves, psicoterapeuta especializado em adolescentes, me presenteou com o livro *Mirroring People: The Science of Empathy and How We Connect with Others* de Marco Iacoboni, dizendo: "acredito que lhe ajudará a entender um pouco do que acontece com essas pessoas que você chama de mutantes". Essa foi a segunda pista. De fato, o conceito de neurônios espelho e o acesso à informação proveniente de pesquisas sobre empatia global me deram a segunda pista no caminho em busca de respostas para perguntas que ainda nem estavam claramente formuladas.

Essa fase durou vários anos. No entanto, ainda não via nenhum sinal que me indicasse que me aproximava de algum destino.

Durante um verão em Punta del Este, refletindo sobre a infância dessas pessoas que compartilhavam comigo suas dúvidas e descobertas, e sobre a infância de minhas filhas, netos e a minha própria, comecei a escrever um livro para crianças chamado "O Patinho Esquisito", brincando com o clássico "O Patinho Feio"... Mas não sei escrever livros infantis e acabei encontrando uma versão maravilhosa de "A Princesa e a Ervilha", que me permitiu abandonar o projeto do livro infantil e começar, com a ajuda de Marion

Cortina, um *blog* chamado *Home for Nomads* (Lar para nômades), que não está mais ativo na internet, mas foi o embrião das ideias para estes livros.

Todos buscávamos a paz que vem da sensação de ter chegado em casa... Mas que casa? A terceira pista apareceu quando entendi que todos nós podíamos nos sentir confortáveis em casas diferentes, como se fossem nossas próprias, mas em nenhuma delas nos encaixávamos completamente. Sempre com um pé dentro e outro fora... uma sensação desconfortável, de um desenraizamento insuportável.

Eureka... Em 2014, Claudia Cano entrou em minha vida, propondo que escrevêssemos juntas um livro sobre a jornada do herói, de um potro chamado Link, intitulado *Link e as estrelas cadentes*, descrevendo suas aventuras no mundo exterior, para onde a busca interna e íntima o levava, tentando entender quem ele era, se um cavalo de corrida, como o pai, ou um cavalo de passeio, como a mãe.

Este foi o primeiro mapa. Nele estava marcada a quarta pista para me orientar nos caminhos percorridos pelas pessoas que passei a chamar de *link*, deixando de lado o termo caseiro de "mutantes". Entendi que a mutação de identidades ocorre exatamente na interseção de múltiplas culturas, ideologias, necessidades inatas e desejos aprendidos, e que se alcança a partir de "linkar", unir, entrelaçar de forma criativa as tensões contraditórias que compõem a trama de uma personalidade formada por paradoxos emocionais entre a liberdade e o pertencimento: a personalidade *link*.

Jean Turner (Professora Emérita, Departamento de Relações Familiares, Universidade de Guelph) desempenhou um papel legitimador fundamental quando, após a leitura dos primeiros manuscritos de *Link e as estrelas cadentes*, reconheceu que o conceito de *link* se encaixa na tradição terapêutica das novas narrativas de Michael White e David Epston, que eu conhecia, mas não tinha percebido, pois minha formação principal tinha sido em psicanálise kleiniana.

No verão de 2019 Amauri Soares me deu um belo presente. Enviou-me um cinegrafista extraordinário, ativista entusiasta, motociclista conhecedor do mundo, que chegou do Rio de Janeiro em sua motocicleta carregada de câmeras. Nessa mesma ocasião chegava, desta vez de avião, Silvia Soter, minha afilhada de eleição e segundo ele, minha aprendiz de magia, para gravar entrevistas sobre minhas ideias acerca de mutação, *link*, e as pessoas difíceis de definir com quem eu vinha trabalhando, ainda em Buenos Aires, antes de mudar para Nova York.

Ricky Gorodisch, psicanalista e psiquiatra argentino, além de membro ativo de inúmeras organizações não governamentais internacionais, juntou-se às entrevistas tanto nas perguntas quanto nas respostas, pois há muitos anos tem sido meu interlocutor sobre as situações problemáticas que estas pessoas apresentam no trabalho clínico.

Foi uma experiência transformadora para mim a intervenção espontânea de Leticia Kurchan, pedagoga de alma, experiente diretora de escola, que me levou às lágrimas quando me disse, após ler alguns trechos do manuscrito de *Link e as estrelas cadentes*, "agora entendo algumas crianças que incomodavam as professoras por parecerem incompreensíveis...o momento mais dramático era quando tinham que jurar a bandeira".

Com a inestimável ajuda de Jorge Balán, Charlie Grubb e Chuck Miller, este livro cartográfico — com belas ilustrações de Christian Zambruno (obrigada Juan Martin Molinari) e revisão profissional da primeira versão em inglês (obrigada Florencia Masri) — chegou às mãos de mais algumas pessoas, além das 50 que haviam escrito o livro comigo, sem saber. E a quem continuo agradecendo por cada pedacinho do mapa que, ao compartilharem seus próprios caminhos do herói, me ajudaram a traçar.

Fernanda Miranda, uma psicanalista brasileira que não me conhecia, mas que havia lido uma versão inédita do livro, me "ameaçou", dizendo: "você não pode morrer antes de deixar sua teoria nas mãos de mais pessoas que trabalham na área de saúde mental". Essa referência tão direta e brutal à minha idade serviu como um gatilho para superar uma parte de mim que prefere ficar na comodidade de espaços pequenos e íntimos, onde há menos risco de mal-entendidos.

Link e as estrelas cadentes foi lançado com o título *Link y las estrellas fugaces* em espanhol e foi promovido por Viviana Rosenzwit por meio de sua rede Vivi Libros. A voz maravilhosa de Ana María Bovo deu vida às emoções de Link, o potro, na versão em áudio do livro, e deu forma às perguntas desenvolvidas por Rick e Sue Bowden, educadores itinerantes que levaram seus ensinamentos a lugares inusitados pelo mundo - até mesmo para canadenses cosmopolitas como eles - para orientá-los na leitura ou na audição dessas histórias. No entanto, algo ainda faltava.

Como ajudar as crianças *link* a serem compreendidas pelos adultos, pais, professores e terapeutas?

Sandra Dunn Delgado foi a peça fundamental da quinta pista. Primeiro, na qualidade de excelente editora bilíngue em espanhol e inglês, me ajudou a organizar e expressar ideias que não haviam atingido o nível de conceitos até serem trabalhadas por sua profunda compreensão. Em seguida, não apenas comprometida em seu papel de editora, mas também envolvida nas vicissitudes de ser mãe de um adolescente link, se envolveu ativamente na escrita de No One Is to Blame: Is Your Challenging Child a Link?, dirigido aos adultos que, por diversas razões, lidam diariamente com essas crianças difíceis ou rebeldes. O livro foi publicado pela International Psychoanalytic Books em 2023, graças a Larry Schwartz, Tamar Schwartz e sua equipe.

Este último livro, Entre aqui e lá, um marco que sinaliza uma chegada, não teria sido possível sem a participação ativa de Sandra e sua inestimável ajuda em decifrar e encontrar formas de categorizar os temas que levam os links a buscarem e, no início do caminho, buscarem sem saber o que estão procurando.

O verão pós-pandemia de 2023, no Uruguai, foi cenário de múltiplos encontros. Em uma bela manhã de praia, Juana Guaraglia organizou uma experiência no albergue Olaf, onde pessoas que não me conheciam, juntamente com outras que têm me acompanhado desde Buenos Aires nos anos 80, e algumas mais vindas do Brasil e dos Estados Unidos, que estavam lá graças às sincronicidades reveladoras, me permitiram apresentar a ideia de link fora do meu círculo mais íntimo.

Dominica González encerra a jornada deste livro em Punta del Este, o lugar onde minha busca começou, também acompanhada por ela. Graças à sua paciência, dedicação e habilidade organizacional, não se perdeu nada do material acumulado em diferentes formatos - artigos, blogs, Instagram, cartas, anotações em guardanapos, pedaços de papel soltos – que foram as notas do diário de bordo desta viagem. Sem esses documentos, sem o trabalho incansável e muitas vezes invisível de Dominica, eu não teria sido capaz de me citar com a convicção que se pode alcançar ao constatar a recorrência de algumas ideias ao longo dos anos.

Francisca Estenssoro me apoiou na experiência de tentar existir nas redes sociais e me abriu novos caminhos de busca a partir de sua inquieta curiosidade juvenil.

Tatiana e Sony Douer tornaram possível, com sua generosidade habitual, que eu pudesse me dedicar sem preocupações cotidianas, além das inevitáveis, a colocar as ideias em forma de livro. Possibilitaram que nos uníssemos na formula mágica a qual Hillel nos convoca.

Cristina Reis escuta (lê) meu espanhol com tanta empatia com o meu jeito de pensar que aparece na sua fala diretamente em português. Muitíssimo obrigada pela tradução feita a partir do coração.

Agradeço a Gisela Zincone pela confiança no valor deste livro e pela sua generosidade em publicá-lo e lançá-lo no Rio de Janeiro, cidade onde começou minha mutação e que me levou a ser a pessoa que sou hoje.

Chegamos então a este final, provisório como sempre, até que o fruto se transforme novamente em semente.

Espero que este livro, fruto e local de chegada da minha busca por uma casa conceitual, encontre leitores que necessitem de pistas que os orientem na navegação pela vida sem mapas, mas sim com bússolas muito precisas.

Tirzah Firestone, rabina, psicóloga junguiana, cabalista, alquimista, xamã, pessoa corajosa, me forçou a enfrentar meus medos e falar minha voz. Confio que será ouvida por aqueles com quem falo.

Gratidão a cada uma das pessoas, a cada um dos encontros e desencontros, às experiências planejadas e aos acidentes assustadores que me aconteceram nesta busca, me acompanharam e continuam me acompanhando como uma forma de suave carícia dos ventos necessários para mover as asas da liberdade em busca do ninho de pertencimento.

Sumário

Prefácio 15
Introdução 21

Capítulo 1 — Quem é *link*? 25
Capítulo 2 — A tempestade perfeita 31
Capítulo 3 — Os quatro tipos de *link*: Mártir, Reprimido, Excêntrico, Rebelde 47
Capítulo 4 — A criança *link* 57
Capítulo 5 — A luta pelos limites 67
Capítulo 6 — Desobedecer é obedecer 77
Capítulo 7 — Mapas pessoais e pensamento indiciário 85
Capítulo 8 — "Quem sou?" 91
Capítulo 9 — Entre o bom e o correto 103
Capítulo 10 — A natureza inconformista das pessoas *links* 115
Capítulo 11 — Sentir-se compreendido 125
Capítulo 12 — O vício da busca 135
Capítulo 13 — As 10 etapas do processo de mutação 147

Apêndice 163
Bibliografia 171

Prefácio

Mesmo agora, espanto e descrença percorrem meu corpo quando lembro de minha mãe um dia batendo a cabeça contra a parede da sala de nosso pequeno apartamento, quando eu tinha 12 anos.

Minha mãe costumava me dizer: "Eu não posso cuidar de você, não sei o que fazer com você. Você é uma águia e vai a lugares aonde não posso te seguir porque sou uma galinha e você não fica ao meu lado".

Eu chorei, mas não sabia por que. Eu me senti mal, culpada e envergonhada, mas não entendi o que havia feito de errado. Eu me senti assustada, paralisada e, acima de tudo, confusa e atordoada por dentro. Minha mãe agia assim porque minha avó estava insuportável, porque meu pai tinha voltado do trabalho zangado com a vida, como sempre, ou porque, como ela mesma me disse, estava com alteração hormonal por causa da sua menstruação? Ou fui eu quem a deixou louca e causou a angústia insuportável que ela exibia dessa forma violenta?

Durante anos me fiz essa pergunta. Devido ao meu sentimento de culpa e responsabilidade, e minha extrema capacidade de sentir a dor dos outros como minha, decidi desde o início que sim, eu era a causa daqueles golpes na cabeça que minha mãe estava infligindo a si mesma. Eu estava longe de saber que ao longo da minha vida iria bater a cabeça muitas vezes (metaforicamente) contra as paredes que ergui na minha frente, às vezes desnecessariamente, às vezes por me sentir oprimida pelas exigências irrealistas a que eu me submetia, acreditando serem obstáculos grandes e valiosos que eu teria de superar se eu fosse, como minha mãe havia declarado para mim, uma águia poderosa.

Sim, eu era uma filha difícil. Difícil por ser difícil entender o que significavam as dificuldades envolvidas em me criar. Eu costumava dizer à minha mãe que sentia meus pensamentos galopando em meu cérebro como jovens cavalos selvagens, levantando uma nuvem de poeira tão grande que eu não sabia dizer para onde iam. Minha mente não conseguia controlá-los. Tratava-se de quebrar os espíritos selvagens daqueles jovens cavalos ou domá-los? Cresci sentindo que ela tentava controlar as rédeas desses cavalos, cortar minhas asas de águia, que eu sentia e ela me fazia sentir que eram muito maiores (e poderosas e más) do que suas próprias asas de galinha, pequenas e impotentes quando se tratava de lidar comigo. A verdade é que ela não estava tentando me destruir ou me domar. Ela não sabia como me domar, que era o que eu realmente precisava. Ela não sabia como me ajudar a aprender a controlá-los sozinha. Não queria cortar minhas asas e tampouco conseguia me ensinar a voar com asas que não eram como as suas, mas me deu permissão para ser a águia que eu parecia destinada a ser. Foi isso, fundamentalmente, o que me salvou. Eu não percebi na época, mas, ao permitir que eu fosse meu "eu águia", minha mãe validou quem eu era e nunca deixou de ser amorosa e afetuosa comigo. Isso, por sua vez, me permitiu sentir que estávamos sozinhas, mas juntas diante desse problema que era eu.

Resumindo, eu era desobediente, excessivamente confiante (pelo menos na superfície), cheia de energia e ideias que não conseguia controlar, teimosa, "diferente" e difícil. Sofri desespero, perplexidade e confusão por não ser capaz de entender o que, para mim, pareciam exigências contraditórias com as quais meus pais, minha escola e a sociedade em geral me bombardeavam. Eu era uma fonte de preocupação, profunda frustração e irritação para meus pais.

Vinte anos depois, foi minha vez de fazer o papel de mãe de uma filha difícil.

Quando conseguiu expressar em palavras algumas emoções que havia sentido quando era criança, minha filha mais nova, Paula, me revelou que, quando nos mudamos para o Brasil (ela tinha dois anos naquela época), sentia que sabia que meu português não era o português "de verdade" que ela ouvia da sua babá. Ela tinha certeza de que entendia esse novo idioma e a maneira correta de se comportar e viver nessa terra estranha melhor do que eu. Ela não confiava em mim. Como poderia, se era verdade que ela aprendia as regras do jogo da nova cultura mais rápido do que eu? Por volta do seu sexto aniversário, Paula acordou de um pesadelo chorando inconsolavelmente. Nada conseguia acalmá-la. Seu rosto deixava evidente o terror que sentia e seus olhos se moviam rapidamente para diferentes lugares no quarto, como se estivesse tentando descobrir de onde vinham os perigos que a ameaçavam. Depois de alguns momentos — que pareceram durar uma eternidade — ela foi capaz de dizer a seu pai e a mim que tinha dois personagens dentro de sua cabeça ao mesmo tempo: um era um *Saci-pererê*, um jovem brasileiro de uma perna só, que fuma cachimbo e usa um gorro vermelho mágico com um cheiro desagradável que lhe permite desaparecer e reaparecer onde quiser (geralmente no meio de um redemoinho de pó).

Embora seja considerado um brincalhão irritante e uma criatura potencialmente perigosa e maliciosa, ele concede desejos a quem consegue pegá-lo ou roubar seu gorro mágico apesar de seu mau cheiro[1]. Paula nos contou que o *Saci-pererê* a pressionava para ser agressiva com a irmã e comigo, porque éramos malvadas e falávamos espanhol em vez de português. A outra personagem era um anjo com um sorriso beato, lindas asas e uma varinha mágica, que a encorajava a proteger a mim e a irmã, porque éramos fracas entre o povo brasileiro, sem saber como viver ou nos proteger nessa nova terra para onde uma migração, que não fora sua decisão, nos tinha levado.

Como deveria se comportar para se sentir uma boa pessoa? E como deveria se comportar para se sentir *segura*? Apesar de sentir que, sendo sua mãe, eu a entendia, nem ela nem eu sabíamos como proteger uma a outra e nem a nós mesmas das ameaças que seu pesadelo a alertava: Paula deveria ouvir o temível, forte, porém "mau" *Saci-pererê* ou o anjo "bom", porém fraco? Deveríamos falar português ou espanhol? Nos sentiríamos mais seguras no Brasil ou na Argentina? Ela sabia que nós tivemos que deixar a Argentina por causa da perigosa situação política da época, mas o Brasil era um lugar tão diferente de onde ela havia nascido que lhe parecia ao mesmo tempo o paraíso salvador (da opressão política argentina) e a aterrorizante selva (cheia de perigos desconhecidos), que ameaçava com o risco de nos perdermos para sempre. O dilema de Paula era seu cabo de guerra interno entre forças contraditórias, especificamente: qual era a ferramenta mais mágica e poderosa, o malicioso *Saci-pererê* ou o anjo terno e amoroso?

***

Hoje sei — depois de longos anos de busca de mim mesma — que é possível aprender a transformar as contradições exaustivas em paradoxos enriquecedores.

Pertenço à primeira geração de psicólogos que se formaram na Universidade de Buenos Aires no início dos anos 60. Meus anos de prática

---

1. https://es.wikipedia.org/wiki/Sací.

clínica no Rio de Janeiro (na década de 1970) e minha exposição ao pensamento de antropólogos, filósofos, historiadores e psicólogos brasileiros — tão diferentes do de meus colegas argentinos — me obrigou a repensar minhas ideias sobre as formas de alegria e sofrimento humano. Por exemplo, dançar samba e celebrar sua sensualidade não é o mesmo que dançar tango e celebrar sua complexidade. Da mesma forma, *saudades*, conceito brasileiro semelhante à nostalgia e cheio de conotações positivas e amorosas que enfatizam a presença contínua e reconfortante da pessoa ou coisa que está ausente, não é o mesmo que *melancolia*, sentimento que é mais onipresente na cultura argentina e que valoriza o vazio e a perda diante da ausência.

Devo também dar os créditos aos meus anos no Brasil por terem me ensinado, muito antes de começar a trabalhar nos Estados Unidos, na década de 1990, a pensar em imagens, a compreender os sentimentos por meio das sensações corporais e a prestar atenção aos sentidos — práticas que são fundamentais na implementação de novas técnicas terapêuticas, graças ao que a neurociência nos tem ensinado sobre a conexão entre emoções, sentimentos e pensamentos.

Minha esperança é que as ideias que apresento aqui — o culminar de meus mais de 50 anos na prática clínica e mais de 20 anos dedicados ao desenvolvimento de um marco conceitual baseado em meu trabalho com pessoas de diferentes nacionalidades, idades e orientações sexuais — ajudem outras pessoas a se sentirem menos sozinhas, menos estranhas, menos incompreendidas e, portanto, mais amadas. Espero que este livro ajude as pessoas *links* a descobrirem maneiras de aprender a não se destruir, criando diálogos e ligações entre os muitos aspectos do seu eu multifacetado. Dada a complexa heterogeneidade das pessoas *links*, tão difícil de compreender tanto para os outros como para elas próprias, espero que este livro ajude a tornar a construção dessa identidade a mais harmoniosa e suave possível.

Este livro existe também para lembrar-me todos os dias, enquanto escrevo aos 80 anos, que, como filha "difícil", não fui responsável pela decisão de minha mãe de bater a cabeça contra a parede quando ela não conseguia lidar com a garota águia que parece que eu fui. Nem fui responsável pelas reações emocionais exageradas e explosões de raiva de meu pai quando me acusava de desafiá-lo. E, igualmente importante, meus pais não foram responsáveis por meus pensamentos e sentimentos galopantes e selvagens.

Se há algo que eu gostaria que o leitor levasse deste livro, além de aprender a amar e a cuidar melhor de si mesmo, é que nem a pessoa *link* nem seus pais são culpados: ninguém é culpado.

Introdução

Uma vez que, no caso das pessoas *links*, o sofrimento é interno, ou seja, os sintomas não são tão evidentes a ponto de diagnosticar uma patologia psíquica, torna-se muito difícil ajudá-las em seus sofrimentos emocionais.

É fundamental deixar claro desde o início que esse conceito não busca enquadrar-se como quadro de doença mental. Pelo contrário, visa auxiliar pessoas que vivem de maneira particular, única em sua individualidade e, ao mesmo tempo, compartilhada nas diferentes formas de vivê-la, para que não sejam patologizadas nem diagnosticadas e tratadas como "doentes", mas, sim, como "diferentes". Portanto, os diagnósticos diferenciais são de singular importância.

Embora uma pessoa sinta, pense e aja de maneira diferente da maioria, nem sempre significa que esteja seriamente perturbada psicologicamente. É possível que, ao não se compreender e não ser compreendida pelos outros em seus modos particulares de agir, sentir e pensar, "caia" em um enquadre patológico. Dessa forma, tanto a pessoa quanto os profissionais que tentam ajudá-la terão instrumentos que aliviam seus sofrimentos inexplicáveis, porém apenas de maneira parcial e momentânea. É por isso que o diagnóstico diferencial é tão importante: uma pessoa *link* pode agir, sentir e pensar de maneira muito diferente de muitas outras sem que isso signifique que ela deva ser avaliada como "doente".

Sugiro que o leitor veja abaixo as três listas de ações, sentimentos e pensamentos típicos das pessoas *links* para determinar se alguma ou todas as afirmações nelas contidas se aplicam a si próprio. Ao final de cada lista, indicarei duas formas alternativas de entender aqueles que escolhem cinco ou mais características em cada lista:

AÇÕES

1. Têm dificuldade de falar sobre assuntos triviais, bater papo, mesmo sabendo como fazê-lo.

2. É difícil para elas encontrar pessoas, grupos, instituições, empregos, rituais ou locais onde se sintam totalmente integradas e confortáveis.
3. Continuam procurando por algo mais, algo diferente (como se fossem pessoas ambiciosas), mesmo quando se encontram em posições que a maioria das pessoas consideraria altamente gratificantes.
4. São acusadas de serem difíceis de entender e definir, mesmo por aqueles que as apreciam, admiram ou invejam.
5. São invadidas por pensamentos e sentimentos que só podem compartilhar com poucas pessoas e, mesmo assim, correm o risco de serem mal compreendidas.
6. Agem, em certos momentos, completamente seguras do que sabem e no controle da situação, e, em outros, arrasadas e desesperadamente inseguras e perdidas.
7. Vivem vidas muito diferentes entre si, como se cada uma delas fosse a única e verdadeira.
8. Não querem ser aprisionadas por outras pessoas, mas ficam zangadas se sentem que não são desejadas ou escolhidas.
9. Relacionam-se com diferentes tipos de pessoas, movendo-se com facilidade em mundos muito diversos.
10. Têm dificuldade em dizer não e dizem sim mais do que gostariam.

Sugiro que aqueles que se identificam com essas características são pessoas *links* que não sabem como lidar com suas necessidades contraditórias e agem de forma confusa porque ainda não compreendem quem são nem como são. Infelizmente, esses sintomas podem ser confundidos com patologias sociais, timidez patológica, vários graus de autismo ou uma necessidade compulsiva de ser aceito por todos, ao preço de criar o que em psicologia é chamado de "falso eu". No entanto, ser um *link* não é uma patologia, mas um estilo de personalidade.

SENTIMENTOS

1. Têm dificuldade em tomar partido durante uma discussão porque acreditam que cada argumento tem alguma razão.
2. Não conseguem desfrutar plenamente de suas conquistas em qualquer área se alguém próximo falhou.
3. Acham muito difícil participar de situações competitivas, mesmo que sejam apenas por diversão, porque ao vencerem sentem pena daqueles que perderam.
4. Suas conexões emocionais parecem erráticas, pois precisam tanto de encontros íntimos quanto de silêncio e solidão.
5. As emoções dos outros as afetam facilmente e têm medo de parecer insensíveis

e egoístas se não sentirem a mesma dor ou tristeza que afeta o outro, mesmo que não seja alguém muito próximo afetivamente.
6. Começam a falar com o sotaque, o estilo, o humor e as opiniões da pessoa com quem estão conversando no momento, sem perceber o contágio emocional.
7. Sentem que não são compreendidas da mesma maneira que compreendem os outros.
8. Alternam entre se sentirem poderosas e muito incapazes.
9. Sentem que estão em busca de algo que não conseguem explicar o que é.
10. Vivem em um estado doloroso de incerteza e indecisão.

Pode-se dizer que as pessoas que se identificam com as afirmações desta lista são aquelas com tão pouca confiança em si mesmas que se tornam escravas das opiniões e decisões dos outros. No entanto, é importante compreender a diferença entre pessoas que dependem excessivamente da opinião alheia e que se caracterizam por sentirem-se não suficientemente boas, agindo a partir dessas crenças, e as pessoas *links*. Os *links* possuem um dom exagerado de empatia global e sofrem as consequências negativas (e não as bênçãos) dessa condição quando não sabem como lidar com ela. A empatia global é uma parte integral de seu ser, e é o que mais os define. Por sentirem que não são como os outros e por estarem tentando descobrir quem são, os *links* ouvem os outros não para obedecê-los, mas como uma maneira de se entenderem melhor.

PENSAMENTOS

1. Seus pensamentos se movem em direções diferentes, muitas vezes contraditórias.
2. Não conseguem explicar certas conclusões às quais chegam, sem perceberem que observam, valorizam e são impactados por detalhes que a maioria das pessoas nem mesmo nota.
3. Tomam decisões baseadas em fatos que outras pessoas consideram triviais, absurdos ou bizarros, e estabelecem conexões entre elementos que pertencem a universos completamente diferentes.
4. Muitas vezes, não sabem se o que pensam é parte de uma fantasia, produto de uma imaginação fértil, ou se é uma observação da realidade a partir de um ponto de vista inovador e único.
5. Sentem-se entediados, vazios ou angustiados se não há projetos, problemas, mistérios ou eventos de grande intensidade.
6. Não conseguem responder quando solicitados a justificar por que dizem o que dizem, pois sentem que suas observações são óbvias e evidentes.
7. Acham fácil entender o que os outros precisam e querem delas, mas têm extrema dificuldade em entender o que elas próprias precisam ou querem dos outros.

8. Sentem-se desconfortáveis porque, apesar de serem muito sociáveis, optam por não compartilhar seus sentimentos e pensamentos mais íntimos e pessoais com muitas pessoas.
9. Pessoas convencionais acham que são seres estranhos, revolucionários e excessivamente originais, enquanto pessoas marginais as veem como submissas, convencionais e acomodadas.
10. Buscam estar em paz consigo mesmas, parar de divagar e sentir-se completas, interrompendo as ruminações mentais constantes que as perseguem.

É possível descrever as pessoas que se identificam com os elementos dessa lista como excessivamente imaginativas ou cronicamente insatisfeitas. No entanto, também é possível entendê-las como pessoas *links*, que podem *parecer* insatisfeitas quando não chegam a conclusões definitivas até que aprendam a justificar suas intuições com informações objetivas. Os *links* veem o mundo de uma perspectiva não convencional, e seu modo de pensar é incomum. Eles encontram plena satisfação quando seus pensamentos não convencionais contribuem com novas informações para situações cotidianas, a partir de suas formas originais de "ler" as realidades internas e externas.

Capítulo 1

Quem é link?

As pessoas *links* podem ser exageradas e alternadamente:
- Carinhosas e distantes.
- Hesitantes e assertivas.
- Fortes e fracas.
- Más e boas.
- Imprudentes e medrosas.
- Alegres e tristes.
- Briguentas e apaziguantes.
- Falantes e quietas.
- Rebeldes e obedientes.
- Confrontadoras e conciliadoras.
- Justas e injustas.
- Comprometidas e indiferentes.
- Apaixonadas e inexpressivas.

Também são sempre curiosas e inconformistas; sempre em busca do diferente, do único, do "próprio"; e sempre se sentindo "peixe fora d'água", mesmo que de fora sejam acusadas de serem pretensiosas ou desqualificadoras.

Essas pessoas vivem presas em contradições constantes. Não se encaixam porque não conseguem seguir sem questionar as regras convencionais que determinam o comportamento em grupos e instituições. Ao mesmo tempo, sofrem quando se sentem excluídas. Como todos os seres humanos, precisam ser abraçadas, sentir-se acolhidas e pertencentes. Mas, mais do que outras pessoas, os *links* precisam agir com independência e liberdade. Entre a necessidade de *pertencer* e a sensação de sufocamento que o pertencimento lhes causa, e a necessidade de serem *livres* e o medo da solidão que os assombra, acontecem seus conflitos emocionais.

Sentem que não se encaixam completamente em nenhuma parte e, ao mesmo tempo, sabem que podem se encaixar parcialmente em qualquer lugar. Não importa onde estejam, sentem-se desconfortáveis. Vivem em constante dissociação, caracterizada por uma sensação de incerteza, perplexidade e conflito sobre quem são. A auto-observação está presente em qualquer atividade que realizam, tingindo-as com uma incômoda sensação de estranheza. Isso se deve aos muitos pensamentos, sentimentos, perspectivas e verdades que constantemente se agitam dentro delas. Por não estarem bem priorizados, geram confusão. A tarefa de descobrir qual de todas as suas verdades é a verdadeira e central em suas vidas. Qual dos seus "eus" é o essencial? Quem é o "eu" que as define? Essas são suas questões emblemáticas.

Por isso, para elas, a vida consiste em encontrar uma forma de transformar suas contradições em paradoxos. Um paradoxo é: "Um fato ou frase que parece se opor aos princípios da lógica. A palavra, como tal, provém do latim *paradoxa*, plural de *paradoxon*, que significa 'o oposto da opinião comum'; este, por sua vez, vem do grego παράδοξα (*parádoxa*), plural de παράδοξον (*parádoxon*), que poderia ser traduzido como 'inesperado', 'incrível' ou 'singular'. [...] O paradoxo muitas vezes dá a impressão de se opor à verdade ou de contradizer o senso comum; no entanto, o paradoxo não contém uma contradição lógica, apenas a aparenta" (https://www.significados.com/paradoja/). É uma contradição que faz sentido.

1. Por que surgem as pessoas links? Qual a sua origem?

As pessoas *links* podem ser confundidas com personalidades bipolares devido à alternância entre alegria e tristeza, ou com personalidades com transtornos *borderline* devido à convicção com que defendem suas "razões", ou ainda com pessoas que sofrem de déficit de atenção devido à dispersão que mostram em seus diversos interesses e à tendência de realizar diferentes atividades ao mesmo tempo. No entanto, a importância do conceito *link* reside no fato de que essas pessoas não são definidas por uma patologia, mas por um estilo de vida, por uma maneira de ser, por uma idiossincrasia que torna difícil tanto se definirem quanto serem definidas.

Em meu trabalho terapêutico clínico com pessoas que identifiquei como *links*, encontrei quatro condições que se repetem em todos os casos, desde o início de suas vidas:
1. Nascem com uma capacidade exagerada de empatia global.
2. Crescem expostas a valores, crenças, ideologias, estéticas e éticas, e pontos de vista muito diferentes e, muitas vezes, contraditórios. As crianças *links* se identi-

ficam e atribuem igual importância a cada um desses valores ou pontos de vista e os incorporam como próprios com a mesma intensidade.
3. Sabem que seus pais são "boas pessoas" e também sabem, mesmo que não *sintam* isso, que seus pais as amam. Mas têm sentimentos ambivalentes em relação aos seus cuidadores. Estão convencidos de que eles não as entendem e, portanto, não confiam que possam ajudá-las a se entender.
4. As circunstâncias de seu nascimento ou infância foram incomuns. Sofreram, elas ou a família, algum trauma ou transição importante que as fez vivenciar, desde muito cedo, a finitude do tempo e do espaço.

2. Por que "link"?

O que significa *"link"* neste contexto? As pessoas *links* nascem e crescem em um mundo caracterizado pela incerteza, pela presença de múltiplas verdades e poucas certezas. Essa situação lhes provoca sentimentos de angústia que são agravados pela confusão que resulta da grande facilidade de adaptação a diferentes contextos, característica das pessoas dotadas de empatia global. Embora essa adaptabilidade seja positiva, é também um desafio, pois, até que desenvolvam sua forma específica de existir, não sabem qual é o seu verdadeiro "eu", uma vez que sentem e agem de maneira diferente dependendo das diferentes situações em que se encontram. Por esse motivo, elas se sentem, e muitas vezes são acusadas de ser, pessoas camaleônicas. Estão constantemente tentando navegar nas águas de um espaço "intermediário" (*in-between*), um lugar repleto de dúvidas, hesitações, tensões e o cabo de guerra de constantes negociações internas intelectuais e emocionais.

À medida que as crianças *links* se tornam adultas, e passam por um processo muitas vezes demorado de autodescoberta e de encontrar seu propósito no mundo, começam a compreender que existir no *in-between* é administrável e que é administrável, precisamente, porque são *links*. Em outras palavras, elas próprias são a chave para conectar — ou vincular — as forças díspares e conflitantes que as cercam, para unir os elementos opostos e contraditórios que caracterizam esse espaço de incerteza. Quando os adultos *links* finalmente definem quem são e encontram o lugar de calma interior que procuram, finalmente entendem que ser *link* pode ser uma forma interessante de existir.

3. Como os pais dos filhos links se sentem

As pessoas que cuidam de uma criança *link* — sejam seus pais, outros membros da família, professores, terapeutas, profissionais ou colegas — geralmente sentem que estão lidando com alguém fora de controle e impossível de educar, um potro selvagem que resiste a ser domesticado, que não se rende, e diante do qual se sentem impotentes e frustrados. Eles admiram, mas também temem a criança, o que cria um sentimento de proximidade e distância simultâneo, de idealização e rejeição. A criança, por sua vez, incorpora (tanto por imitação, quanto por contágio) as mesmas formas contraditórias de idealizar e rejeitar, defender e abandonar, amar e odiar seus pais e a si mesma. Uma criança *link* age de maneiras intoleráveis com os pais porque está sofrendo, vivendo com dor e angústia emocional, e constantemente sentindo-se culpada. Os pais geralmente escolhem, conscientemente ou não, uma das duas formas principais de olhar para essas crianças, que as fazem se sentir impotentes, assustadas e controladas, ao invés de sentirem autoridade, confiança e controle. Uma forma é idealizar seus filhos, considerando-os "diferentes" e de alguma maneira superiores; a outra é vê-los como uma aberração, uma presença negativa e indesejada em suas vidas, que não pediram e não merecem.

A primeira abordagem (idealizar a criança) é entendida como forma de poder amar o seu filho apesar dos grandes desafios de educá-lo. Nesse cenário, os pais podem acreditar que seu filho possui características ou habilidades especiais e até sobrenaturais ou paranormais, incluindo ver a criança como existindo em um estágio posterior da evolução humana (como na Teoria da Criança Índigo, desenvolvida por Lee Carroll e Jan Tober). Os pais veem seus filhos com uma capacidade incrível de compreender a realidade mais além do ser humano médio. Esse tipo de idealização, porém, tem como consequência deixar a criança à mercê de suas próprias decisões e torná-la autodidata. Isso pode ser positivo para a criança se ela é preparada ou dotada de inteligência emocional além da empatia. Mas também pode ser doloroso para a criança se ela não aprender a ser disciplinada, a confiar nas diferentes oportunidades de aprendizagem que encontrará na sua vida, ou a pertencer plenamente a estruturas familiares e escolares onde pode aprender, além de como ser humilde, as "regras do jogo" de como coexistir com outros.

A segunda abordagem, também uma forma compreensível de lidar com o sentimento de culpa, frustração e impotência que a criação dessas crianças produz em seus pais, é considerar seu filho uma criança tremendamente problemática, apesar de tentarem resistir a esses sentimentos negativos e de realmente o amarem. Ou seja, os pais podem ver seus filhos como anormais ou com algum defeito, como algo que eles "não pediram". Sentem que é uma situação que está além deles e com a qual não gostariam de ter que lidar. Essa atitude também leva a criança a sentir-se rejeitada e como uma estranha, alguém que não merece pertencer à unidade familiar (ou a qualquer outra), alguém a quem se deve temer e banir, em vez de celebrar.

Quer tomem a forma de idealização ou rejeição, essas atitudes parentais extremas, mas típicas, fazem com que as crianças *links* sintam que têm direito de cuidarem de si mesmas e fazerem o que quiserem. Essa é a origem da grande determinação dessas crianças. Esse sentimento acarreta riscos e possibilidades: devido à sua determinação, elas têm a possibilidade de criar seu próprio sistema de ética, o que pode ser positivo. Os riscos, no entanto, implicam que as crianças *links* se tornem viciadas na liberdade quando adultas e/ou se tornem pessoas que "fazem justiça por suas próprias mãos". Felizmente, as crianças *links sabem* que seus pais são bem-intencionados e as amam, embora nem sempre se *sintam* amadas. Sabem que seus pais estão desesperados para entendê-las e não abandoná-las. Isso faz com que as crianças *links* estejam constantemente tentando encontrar uma maneira de existir entre ser, por um lado, como acreditam que precisam ser para sobreviver e se sentirem livres e, por outro, como devem ser para não magoar seus pais e outras pessoas em geral, e para sentir que pertencem às suas famílias e aos grupos que lhes conferem identidade social.

A culpa é o sentimento inevitável como consequência de se sentir encurralado entre a espada e a parede. Sentir culpa é extremamente importante para que a pessoa que causa dano tente repará-lo, mas pode atingir proporções prejudiciais se minar a autoestima e prejudicar a capacidade de reflexão e aprendizado da pessoa.

Esse sentimento que se origina na infância persegue a pessoa *link* na vida adulta. Mas ninguém tem culpa. Nem os pais das crianças *links* são narcisistas, desertores, tiranos ou psicopatas; nem as crianças *links* são más, egoístas ou ingratas.

Em resumo, os pais não têm culpa. Os filhos não têm culpa. As pessoas *links* não têm culpa por serem como são: difíceis, complexas, insatisfeitas e diferentes. São indivíduos que oscilam entre se sentirem mal por agir com a força necessária para defender a liberdade individual e se sentirem fracos ao agirem a partir da aceitação de sua necessidade de pertencimento social.

A tarefa de uma pessoa *link* — desde que toma consciência de sua enorme complexidade e se perdoa por isso — é criar um roteiro interno, um mapa único baseado nos princípios éticos que desenvolve desde a infância. Um roteiro interno que lhe permita descobrir como pode ser boa sem se sentir fraca ou "uma perdedora", que lhe permita se sentir forte sem ser violenta e se sentir má, saber-se capaz de ser gentil sem acreditar que essa gentileza a torne submissa e frágil. Um mapa que a auxilie a encontrar a maneira de ser autêntica e fiel a si mesma sem ferir os outros. Esse mapa ou guia deve permitir que a pessoa *link* se sinta digna de ser amada, porque é capaz de amar os outros sem se perder e, ao mesmo tempo, é capaz de se distinguir dos outros sem sentir que deve abandoná-los e ficar sozinha para sempre.

Além de muita paciência, as pessoas *links* precisam desenvolver confiança em sua própria capacidade de amar e sentir compaixão por si mesmas e por aqueles que as amam e desejam acompanhá-las em suas vidas. Compaixão pelo sofrimento causado por serem como são, por serem pessoas que veem ao mesmo tempo e com a mesma intensidade a feiura e a crueldade da vida, bem como sua beleza e bondade.

Os dilemas das pessoas *links* são muitos e complexos. Requerem explicações sutis, muitas vezes desqualificadas pelos próprios *links*, que aceitam como suas as qualificações de estarem sempre procurando "pelo em ovo", de serem excessivamente pretensiosos e arrogantes, de serem "rebeldes sem causa".

Antecipo a pergunta quase constante que surge na vida das pessoas *links* quando descobrem esse conceito: "Mas não são todas as pessoas assim?".

Este livro tenta responder a essa pergunta: não, nem todas as pessoas nascem e crescem em condições que exageram nossa complexidade. Não somos loucos nem maus, mas somos, sim, difíceis de nos entender e de sermos entendidos, exatamente devido a essa complexidade que pode levar à confusão se não tivermos paciência para tentar desvendá-la. E, mais uma vez, a contradição entre nos sentirmos diferentes e, ao mesmo tempo, acreditarmos que todos os outros também sofrem (como nós), devido à complexidade de nossas emoções, expressa o paradoxo entre a liberdade que implica os sentirmos únicos e o desejo de sermos como todos e pertencermos ao grupo humano que nos aceite como membros legítimos.

Espero que este livro transmita a compaixão necessária para termos paciência com nós mesmos (e pedir aos que amamos que nos compreendam).

Capítulo 2

A *tempestade perfeita*

Chamo de "tempestade perfeita" a soma de condições necessárias e suficientes que explicam o surgimento de pessoas que, ao longo de suas vidas e em diferentes aspectos de seus mundos, mostram características *link*.

1. Dotadas de empatia global

As pessoas *links* nascem com uma enorme capacidade de empatia global, ou seja, de sentir as emoções dos outros como se fossem suas. Esse tipo de empatia pode ser positivo, já que a pessoa *link* sente o que os outros sentem, o que lhes permite atender às necessidades das outras pessoas.

Ao mesmo tempo, a empatia global pode ser negativa. Desde crianças, as pessoas *links* absorvem indiscriminadamente os sentimentos dos outros, sentindo-os como seus. Isso faz com que frequentemente incorporem sentimentos contraditórios que lhes causam uma dolorosa sensação de confusão. Elas "obedecem" a qualquer definição ou noção preconcebida que os outros tenham sobre elas. Isso faz com que essas pessoas, quando crianças, internalizem como próprias e inquestionáveis as "prescrições" que os pais (e outros membros de seu ambiente imediato) pensam, temem e projetam sobre elas. A criança *link* cresce pensando "como eles acham que sou mau, devo ser mau, porque quando sou bom, nem sequer percebem e é a mesma coisa". Elas não sabem o que sentem e, portanto, desenvolvem mecanismos de defesa de raiva e rebeldia, sem perceberem que estão simplesmente obedecendo a ordens contraditórias que absorveram ao mesmo tempo e com o mesmo valor de verdade.

As pessoas *links* compartilham com as pessoas hiper empáticas e altamente sensíveis a característica de terem "pele fina", ou seja, a impossibilidade de não se sentirem profundamente feridas, atacadas ou insultadas pessoalmente pela crítica, mesmo quando ela é oferecida de maneira construtiva. Como Judith Orloff (2018) diz sobre a criança hiperempática: "Enfatizo que as crianças empáticas sentem demais, mas não sabem como lidar com a sobrecarga sensorial. Elas veem mais, ouvem mais, cheiram mais, intuem mais e experimentam mais as emoções". Em uma linha similar, Elaine Aron (2002) define as pessoas altamente sensíveis como aquelas que "nascem com uma tendência a notar mais o seu entorno e a refletir profundamente sobre tudo antes de agir…". É compreensível, portanto, que essas pessoas que têm uma "pele extremamente fina" vivam sofrendo a situação em que, por um lado, constantemente recebem informações demais do mundo externo e, por outro lado, carecem de elementos internos para processá-las de maneira que não lhes causem sofrimento.

As pessoas *links* também compartilham com as crianças altamente sensíveis a consciência de serem "diferentes". Como diz Aron: "Apesar da minha convicção enfática de que as Pessoas Altamente Sensíveis (PAS) são normais, gosto de me referir às nossas sensibilidades como peculiaridades. Isso ocorre porque, como PAS, todos nós somos singulares. Claro, há características comuns, como em qualquer personalidade. Mas cada um tem seu próprio sabor. Nossas próprias peculiaridades PAS."

As pessoas *links* em particular personificam a definição de "empatia" do dicionário, no sentido de terem uma capacidade extraordinária para "a ação de compreender, ser consciente de, ser sensível a e experimentar indiretamente os sentimentos, pensamentos e experiências de outro, seja do passado ou do presente, sem ter os sentimentos, pensamentos e experiências plenamente comunicados de maneira objetivamente explícita" (Merriam-Webster).

Doris Bischof-Köhler (1991), com base nas ideias de Martin L. Hoffman (2000), diferencia três tipos de empatia: 1) *empatia global*, na qual as pessoas sentem os sentimentos dos outros como se fossem seus; 2) *empatia egocêntrica*, na qual as pessoas sentem as emoções dos outros em seus próprios corpos, mas reconhecem que essas emoções não são suas; e 3) *empatia social*, na qual as pessoas podem compreender o que os outros estão sentindo, mas sem sentir a emoção eles mesmos. A empatia que as pessoas *links* experimentam refere-se à empatia global. Esse tipo de empatia é caracterizado por sentir os sentimentos dos outros como se fossem seus, sem perceber esse fenômeno.

Os campos de estudos da criança e da neurobiologia convergem na crença de que a capacidade de empatia do recém-nascido leva à possibilidade de uma identificação imediata e completa com as pessoas ao seu redor. Como

Marco Iacoboni (2008) mostrou, há uma base neural para o mimetismo e o espelhamento antes que o bebê desenvolva a habilidade para compreender conceitualmente e expressar em palavras as emoções que experimenta.

Quando uma criança nasce dotada de inteligência do tipo raciocínio lógico-matemático, visual-espacial, musical, naturalística, linguística, existencial, cinestésico-corporal ou intrapessoal (seguindo a abordagem de Howard Gardner, 1993), as famílias podem reagir ignorando essas habilidades e permitindo que a criança as desenvolva por conta própria, ou encorajando-a e dando-lhe as ferramentas para potencializar ainda mais seu dom. Qualquer que seja a opção que os pais escolham, eles geralmente não se sentem ameaçados ou oprimidos pelo dom da criança.

Esse não é o caso quando uma criança nasce dotada de empatia global. A primeira dificuldade com essa circunstância é que as pessoas tendem a assumir que todos os seres humanos são igualmente capazes de sentir empatia. Reconhecer que seu filho pode ser mais empático do que eles mesmos é, muitas vezes, difícil para os pais, que podem se sentir ameaçados, oprimidos e inseguros sobre como tratar a criança ou como se comportar diante dessa habilidade tão difícil de entender e tão fácil de ser mal interpretada. Os pais também podem se sentir desnudos, desqualificados e até invadidos pela criança, caso ela "descubra" as emoções que eles não querem compartilhar ou nem mesmo admitem ter.

A reação inevitável dos pais, então, é de lutar ou fugir, de ficar com raiva ou se distanciar da criança, porque se sentem ameaçados por essa subversão da hierarquia esperada, o que provoca o pensamento: "como essa criança ousa saber melhor do que eu o que eu estou sentindo?". Esse desconforto e vulnerabilidade face a face com seu filho cria um círculo vicioso de raiva mútua (enraizada no medo) que se parece com isto: quando os pais negam o que a criança é capaz de sentir por meio da empatia e repreendem ou se distanciam dela, ela se sente confusa e solitária, e sente que é "má" ou até mesmo louca. Ela começa, então, a desenvolver uma tendência a pensar por si mesma e a não buscar determinar se o que pensa sobre algum aspecto do mundo ao seu redor é verdade ou se o que está sentindo são apenas suas próprias emoções. Isso, por sua vez, enfurece ainda mais os pais e os faz acusar a criança de mentir sobre como ela está se sentindo, o que enfurece a criança porque não acreditam nela, levando a um círculo vicioso entre pais e filho.

Da mesma forma, as crianças dotadas de empatia estão presas em um círculo vicioso: seu maior talento (sua capacidade de sentir os sentimentos e necessidades dos outros como se fossem seus) é também seu maior perigo (a incapacidade de identificar, reconhecer e defender seus próprios sentimentos e necessidades); sua maior capacidade (compreender os outros de forma tão brilhante a ponto de poderem fazer o que os outros querem e ganhar seu amor) é também sua maior limitação (se deixarem de fazer o que os outros querem, temem despertar sentimentos de ódio nos outros). Se usarem seu talento para servir aos outros, serão amados por eles e sentirão menos medo de serem julgados como "maus", mas podem se ressentir por não estarem atendendo às suas próprias necessidades e não estarem cuidando de si mesmos. Correm o risco de se sentirem fracos. Se usarem seu dom para atender aos próprios desejos, correm o risco de serem punidos pelos outros e por si mesmos. Temem ser acusados de serem maus, manipuladores e egoístas; e correm o risco de sentir culpa e temer que seu dom seja uma ferramenta do mal. Ao contrário das pessoas altamente empáticas ou hipersensíveis, que tendem a se sentir e agir como vítimas da agressividade, da dureza ou da falta de empatia dos outros, as pessoas *links* pensam que são culpadas, e as reações de raiva são mecanismos de defesa inevitáveis para tentar se libertar do tremendo peso da responsabilidade pelo sofrimento dos outros.

Algumas das consequências da capacidade de empatia global nas pessoas links incluem a volatilidade de seus sentimentos e a imprevisibilidade de seus comportamentos, até mesmo para elas mesmas.

2. Expostas a múltiplas perspectivas

Desde a infância, as pessoas *links* estão expostas a múltiplas perspectivas na forma de valores, sentimentos, ideias, objetivos, éticas e/ou estéticas, bem como pontos de vista muito diferentes e, com muita frequência, contraditórios.

Os pais de filhos *links* diferem um do outro de maneiras que muitas vezes causam conflito, pois expõem a criança a situações contraditórias de pensamento, crença, comportamento etc. Isso acontece também quando a criança cresce em um ambiente onde a família nuclear e a sociedade no entorno, onde essa família se encontra por razões circunstanciais, respondem e obedecem a preceitos culturais e valores ideológicos contraditórios. As crianças *links* atribuem o mesmo nível de importância a cada um desses valores, pontos de vista, ideias etc. A capacidade de empatia global leva-as a internalizar essas diferentes formas externas de pensar, diferentes visões do mundo e sistemas de crenças como se fossem seus. Sentem-se puxadas em direções diversas — às vezes contraditórias — no desejo de agradar as diversas perspectivas que construíram sua identidade. No entanto, não podem agradar a todas e sentir-se em paz consigo mesmas se as diversas demandas internas e as expectativas desejadas forem radicalmente diferentes entre si.

Isso leva a problemas de confiança e dúvidas extremas sobre si mesmas. Não conseguem acreditar, confiar ou deixar-se cuidar pelos pais porque os percebem como contraditórios, o que as deixa confusas. Se, necessariamente, devido à diferença insuperável de opiniões, um deles deve estar errado, em qual confiar? Essa confusão e incerteza estende-se à vida adulta, na qual a pessoa *link* nunca confia totalmente em uma única pessoa e se cerca de múltiplos conselhos e opiniões sem que isso lhe permita alcançar a certeza absoluta que procura.

Os pais das pessoas *links* escolheram estar com alguém diferente deles; ou seja, optaram pela complementaridade em vez da semelhança.[2] Este é o cerne dos conflitos internos que as pessoas *links* experimentam: desde muito cedo, identificam-se com os valores mais fortes (implícitos ou explícitos) das pessoas que cuidam delas. Assim como a empatia global dá às crianças *links* a capacidade inata de "captar" os sentimentos de seus pais desde o momento em que nascem, porque são criadas em um ambiente que as expõe a crenças e/ou sistemas de valores muito diferentes e até opostos, elas também "captam" que não existe uma única verdade. A natureza mutável e instável da vida se torna uma presença precoce na vida dessas crianças. Isso se reflete nas dificuldades que os adultos *links* enfrentam ao tomar decisões.

Para a criança *link*, o cenário já complexo de nascer com um dom tão dado como certo torna-se ainda mais confuso, pois a criança é exposta ao mesmo tempo, com a mesma intensidade e com a mesma importância para sua sobrevivência, a diferentes pontos de vista e visões de mundo, contraditórias e conflitantes. Isso faz com que a criança desenvolva uma subjetividade muito versátil e desafiadora, uma subjetividade difícil de precisar e definir, difícil de narrar, tanto interna quanto externamente. Ao mesmo tempo, precisamente devido às diferenças entre os pais, um dos valores que pais e filho partilham é o respeito pela diversidade, pelas ideias e opiniões diferentes, e pelos valores humanistas relacionados à igualdade e à rejeição do autoritarismo. Na maioria das famílias que criam filhos *links*, no entanto, esses valores

---

2. As crianças *links* em famílias monoparentais também lidam com perspectivas múltiplas e contraditórias porque, como todos os *links*, têm de lidar com as diferenças entre os sistemas de valores aos quais estão expostos dentro da sua família e aqueles que encontram fora de casa. Isso produz outra tensão poderosa com a qual os *links* lidam constantemente: a do interior (mensagens que recebem em casa) *versus* a do exterior (mensagens que recebem de figuras de autoridade fora de casa). Em uma família monoparental, um *link* também pode ser exposto a uma visão de mundo em conflito com a do pai ou a da mãe por meio de um parente que tenha influência substancial sobre a criança.

positivos tornam-se prejudiciais quando os pais tentam exercer a autoridade necessária para oferecer à criança um senso de segurança e proteção e prepará-la para enfrentar os desafios da vida.

As crianças dotadas de empatia global percebem que cada ponto de vista contém uma verdade inquestionável. Portanto, internalizam o conceito de relatividade, permitindo perspectivas múltiplas e simultâneas desde o início do desenvolvimento de seu próprio ponto de vista. Superficialmente, essa maneira de ver o mundo pode parecer desejável, pois sugere abertura mental, flexibilidade, aceitação e apreciação de diferentes pontos de vista, todos traços positivos. No entanto, o aspecto negativo é que essas crianças sentem que nenhum ponto de vista ou forma de ser cuidada por seus pais ou outros membros da família é suficientemente sólido ou completo para lhes proporcionar a certeza necessária na construção de uma confiança inabalável. Nada é definitivo. Se houver mais de uma verdade inquestionável, isso significa que nenhuma verdade é completamente inquestionável; ou seja, nada é completamente fechado, fixo ou confiável. Então, em quem podem confiar? É melhor cuidarem de si mesmas: um comportamento clássico de uma criança *link* que persiste nos adultos *links*.

Enquanto as crianças *links* não confiam naqueles ao seu redor, a dor que sentem quando são tratadas como indignas de confiança, pouco confiáveis e irresponsáveis é imensa, porque no fundo de seus corações estão em busca de algo mais: sua própria verdade. Querem ser completamente leais à sua verdade para poder oferecer aos que as rodeiam sua profunda — e confiável — lealdade. Se parecem não estar comprometidas, não é por serem desleais, mas porque estão tentando entender a melhor maneira de se comprometer, apesar de suas dúvidas, ambivalências ou confusão sobre seus próprios desejos contraditórios; tudo isso causa a essas crianças uma tremenda angústia, embora não sejam capazes de expressá-la como tal.

Às vezes, quando os pais transmitem muita informação e conhecimento aos seus filhos ou os expõem a muita diversidade e ambientes diferentes, podem deixar essas crianças com sentimentos de confusão, profundo vazio, grande ansiedade, perda e solidão. As crianças *links* se sentem desconfortáveis nas áreas de suas vidas onde desde a infância captaram mensagens contraditórias, porém igualmente importantes e relevantes para elas.

Essas crianças, e depois adultos *links*, são seres contraditórios em busca de um certo tipo de amor, ou metaforicamente, o que chamo de "abraço preciso": amplo o suficiente para conter seus conflitos e contradições internas, aberto o suficiente para dar-lhes a liberdade de viver, de saber que podem partir e ainda ser amados. Anseiam por um lugar fixo e estável para habitar, crescer e se desenvolver, mas com uma plataforma removível que lhes permita partir a qualquer momento e depois retornar. Anseiam por um abraço ao qual possam sempre voltar e que sempre os receba com amor. Anseiam por um abraço que lhes permita descobrir e criar uma identidade integrada para si, uma identidade que possa abraçar e incorporar harmoniosamente a diversidade que herdaram de sua criação.

Com frequência, tentam em vão "cortar o dedo para caber no sapatinho de Cinderela"; ou seja, renunciam a verdades muito profundas sobre si mesmos, negam suas necessidades mais prementes e tentam "se comportar bem" para acalmar seus dilemas internos. Essa tentativa de adaptação acaba sendo mais prejudicial do que aprender a tolerar os sentimentos de dúvida, de incerteza, de conflito interno na busca de suas próprias formas de ser, ao mesmo tempo, a mesma pessoa para si mesmos e para os outros.

A consequência de nascer com empatia global e ser criado em um ambiente repleto de pontos de vista contraditórios é o desenvolvimento de uma subjetividade marcada por conflitos internos entre os sentimentos e os pensamentos contraditórios que as crianças links *sofrem sem compreender por que. Isso não se deve apenas ao fato de desejarem a aprovação de todas as diferentes pessoas que as criaram, mas também porque realmente valorizam a perspectiva específica de cada uma dessas pessoas. Tudo isso leva a que não confiem em seus pais ou nos adultos ao seu redor o suficiente para se deixarem cuidar por eles.*

3. Altamente ambivalentes

As crianças e os adultos *links* sabem que seus pais e as pessoas que escolheram como parceiros românticos são "boas pessoas", e também sabem, mesmo que não sintam isso, que são amados. Mas têm sentimentos ambivalentes em relação aos pais e aos parceiros afetivos: estão divididos entre seus desejos de pertencimento e sua necessidade de liberdade.

Além dos problemas relacionados à falta de confiança e à insegurança, essas situações infantis povoam as crianças e, posteriormente, os adultos *links* com vários tipos de culpa. Culpa por ações específicas que eles sabem que causaram dano (culpa "normal"), quando rompem os laços com violência em busca da liberdade extrema. Culpa por fazerem seus pais se sentirem culpados e impotentes, no caso das crianças *links*, e, no caso dos adultos *links*, com seus parceiros afetivos. Quando as crianças e os adultos *links* percebem que seus pais ou parceiros afetivos se sentem culpados por não conseguirem dar o que eles precisam, absorvem esses sentimentos de culpa como seus. Sentem uma culpa vergonhosa porque sabem que são difíceis de satisfazer, difíceis em suas demandas pelas formas como precisam ser amados. Sentem constantemente uma culpa paranoide, além dos casos específicos de culpa; ou seja, temem ser "descobertos" em algo que presumem que fizeram errado, mas carecem completamente de certeza sobre qual poderia ser a acusação condenatória. Portanto, passam momentos de autotortura tentando imaginar a cena da suposta "denúncia" e a possível explicação ou justificativa para a maldade "descoberta".

A forte ambivalência em relação aos seus pais, quando crianças, e aos parceiros com quem estabelecem relações de dependência afetiva, já na vida adulta, provém de sérias dissonâncias cognitivas. As crianças e os adultos *links* amam seus pais e seus parceiros escolhidos, mas quase sempre estão insatisfeitos com a forma como são amados. Sentem sempre que o outro não lhes dá exatamente o que precisam e que não os ama com a compreensão ou empatia com a qual eles amam. Estão convencidos de que entendem mais os outros do que são entendidos. Isso gera ressentimento e sentimentos de injustiça, porque, ao mesmo tempo em que sentem que amam demais, são acusados de não amar da maneira "adequada". A acusação de não amar o suficiente e, portanto, não serem dignos o bastante de serem amados é insuportável. Para evitar o sofrimento, eles a transformam no oposto: decidem que são seus pais e seus parceiros afetivos que não os amam. Projetam suas emoções negativas nos outros. Isso lhes permite não se sentirem "maus". Definem-se como pessoas mal compreendidas e injustamente punidas, como uma forma de aliviar a sensação de não amar tanto ou como deveriam. Ou seja, amar sem ambivalências, com uma entrega total que, para a necessidade imperiosa de liberdade que os invade, é impraticável.

Outro comportamento inextricavelmente relacionado às dificuldades em confiar totalmente nos outros tem suas raízes na infância. Diante da exposição às múltiplas e contraditórias perspectivas descritas anteriormente, as crianças *links* não confiam em seus pais na tarefa de exercer autoridade. Portanto, assumem o poder de maneira anárquica e ditatorial para cuidar de si mesmas, já que não se sentem bem cuidadas. Elas assumem responsabilidades para as quais não estão preparadas (por serem crianças), mesmo agindo como se fossem mais poderosas ou estivessem mais bem preparadas do que a autoridade formal para obedecer aos protocolos estabelecidos.

As crianças *links* compartilham com as crianças Alpha a característica de ter de estar no controle, seja cuidando dos outros ou sendo mandonas. Como diz Gordon Neufeld (2020): "O propósito do instinto alfa é cuidar e prover. O objetivo dos instintos de dependência é se fazer receptivo para ser atendido e cuidado. Supõe-se que um conjunto de instintos é a resposta ao outro... Quando interagimos simultaneamente fora de nossos instintos alfa uns com os outros, competimos, em vez de nos complementarmos. Crianças alfa não são receptivas a serem cuidadas." Esse também é o caso das crianças *links*.

Esse sentimento que os filhos *links* têm de que devem cuidar de si, além de estar unido à dificuldade de confiar em seus pais, está ligado a outro sentimento complicado para eles. Eles amam seus pais ou não? Seus pais os amam ou não? Seus pais os entendem? E se eles os entendem, por que não se sentem compreendidos ou cuidados por seus pais? As crianças *links* estão continuamente indecisas, seja em perguntas abertas que elas fazem a si mesmas ou em sentimentos profundos e inexprimíveis. Essas questões as assombram constantemente, sejam elas capazes de articulá-las totalmente ou não, o que gera sentimentos profundos de angústia, cuja origem nem sempre se pode identificar e que são traduzidos em comportamentos negativos.

Essa situação também é a origem do problema ético que as crianças *links* enfrentam: elas amam seus pais e, quando amadurecem o suficiente, podem admirá-los pelo seu "humanismo", mas, ao mesmo tempo, sentem que não os amam porque se sentem desprotegidas e incompreendidas por eles. Além disso, em relação aos seus próprios comportamentos e pensamentos, as crianças *links* se *sentem* más, embora *saibam* que são boas. Na verdade, elas sentem a necessidade de serem boas, mas, quando são boas, se sentem fracas ou impotentes. O outro lado complexo da moeda é que só se sentem fortes quando se sentem más, ou seja, quando se comportam contra algo, indo contra os desejos e as expectativas dos outros, o que é mais fácil de fazer se elas "decidem" que seus pais não as amam (embora, no fundo, saibam que seus pais as amam). Em última análise, esses sentimentos e comportamentos tortuosos produzem sentimentos tremendos de culpa, sendo o tipo de culpa mais complexo e sério que existe: a *culpa paranoide*.

Um exemplo revelador desse tipo de comportamento (neste caso, benigno, pelo menos na superfície) que pode exemplificar a onipresença da culpa paranoide é a de uma *link* adulta. Deborah nos conta uma experiência que teve quando criança e que foi um ponto de mudança brusca a respeito de seu relacionamento com os adultos:

"Eu tinha seis ou sete anos e recebi um pequeno chihuahua branco de presente de um antigo vizinho. Lembro-me de abrir a caixa com minha mãe ao meu lado. Eu já tinha visto algo se movendo dentro da caixa antes de abri-la, mas achei que ela ficaria satisfeita se eu agisse com surpresa. Então, com a minha melhor cara vencedora do Oscar, abri a caixa, virei-me para ela e disse: "ele está vivo!" com um grande sorriso… Bingo! Essa foi a conversa da família por uma semana. Eu ri por dentro porque tinha acabado de aprender a manipular minha família! Mal sabia eu que essa alegria inicial se transformaria em um sentimento de culpa mais tarde."

Por que a culpa? Porque as crianças *links* sempre sentem que, se as coisas estão indo bem para elas é porque estão "mentindo", ou seja, porque "atuam" para fazer seus pais, professores e outras pessoas felizes. Mas elas nunca se sentem totalmente confiáveis para si mesmas ou para os outros se elas mesmas, por dentro, não estão completamente alinhadas ou não sentem a "cena" que estão atuando. Elas se sentem como impostoras: se elas não estão agindo ou vivendo o que sentem que é *toda* a sua verdade, então sentem que estão mentindo. Qualquer apresentação de si mesmas em que se envolvem é vivida como se fosse uma representação de "alguma" verdade, uma verdade parcial. A pergunta que as assombra é: isso é verdade? É a verdade verdadeira? Elas vivem em constante medo de serem apanhadas em uma mentira, em uma traição.

Outro exemplo foi quando o terapeuta da minha filha disse a ela, no início da adolescência, que ela se "curaria" quando pudesse usar o vestido de que gostava, embora eu também gostasse. Diferente de Deborah, que manipulou seus pais com o chihuahua para que seus pais a amassem, Paula escolheu não usar o vestido que gostava para que eu não acreditasse que estava disposta a seguir meu desejo. Ou seja, ela, como todas as crianças *links*, oscilou entre sua necessidade de ser amada e seu medo de não merecer esse amor, entre dar a alguém exatamente o que queria, pela sua tremenda capacidade de empatia, e a dúvida se era exatamente isso o que ela queria. O tema de autenticidade, a demanda pela "verdade verdadeira", junto com a consciência desde muito jovem de que existem muitas verdades verdadeiras, fazem com que essas crianças exagerem sua "maldade", exibam abertamente sentimentos "errados" e se sabotem no momento em que estão "vencendo". Todas essas são maneiras de garantir que elas não estão "mentindo" e que estão sendo amadas se, e somente se, forem "verdadeiras", e não porque estão sendo manipuladas por desejos e expectativas de um pai ou outra pessoa.

Um terceiro exemplo ilustra também o sentimento permanente de culpa que experimentam as crianças *links*. Cristina, de três anos, e sua família estendida estão de férias em uma cidade praiana. Seus avós, que também estão com ela, decidem visitar uma cidade próxima por alguns dias. Quando voltam, assim que param na garagem, Cristina os vê, faz uma careta terrível e sai correndo chorando incontrolavelmente. Mais tarde, revela à sua mãe que temia que a avó não a amasse mais porque, depois de dois dias com seus pais, uma tia querida e seu primo, nem tinha percebido que sua avó não estava em casa. Ela havia esquecido completamente da avó. Essa "verdade" parecia uma tortura, porque ela simplesmente tinha feito o que queria e não o que ela imaginou que a avó queria, isto é, que Cristina sentisse tanto a falta dela que seria impossível se sentir feliz. Mas como Cristina se sentiu feliz na ausência de seus avós, sentiu uma culpa paranoide tremenda. Cristina, é claro, não fez nada de errado, e sua avó, é claro, não gostaria que sua neta se sentisse infeliz em sua ausência. Mas como uma criança *link*, Cristina se sentiu culpada. Também sentiu medo da sua própria capacidade de esquecer alguém tão querido para ela. Quando vê sua avó, projeta nela o que ela própria (Cristina) sentiria se alguém se esquecesse dela ou não notasse sua ausência por dois dias.

O sentimento de culpa para as crianças *links* é contínuo. Nos adultos *links* esse sentimento é quase contínuo. Elas se sentem culpadas se "ganham", ou seja, se são amadas, porque temem ter manipulado os outros ou mentido para receber esse amor. Sentem-se culpadas se "perdem", ou seja, se se fazem odiar, porque sentem a dor de seus pais e companheiros afetivos por não serem capazes de amá-las como precisam ser amadas (o *abraço preciso*). Uma vez que os *links* se sentem culpados e têm medo de ser repreendidos ou punidos sem compreender por que, acabam fazendo algo ruim ou prejudicial, ou ainda, adotando uma atitude desafiadora e difícil, tudo o que confirma aos outros que são maus. Este é o drama fundamental das crianças *links*, e posteriormente, dos adultos *links*: eles não sabem distinguir entre do que são acusados injustamente e o que é realmente de sua responsabilidade. Ou seja, estão sendo falsa ou justamente acusados de alguma irregularidade? Fizeram algo errado ou não? Então, manifestam a culpa com comportamentos questionáveis e são punidos, ou se punem por meio de autossabotagem, assegurando que as coisas não ocorram "demasiado" bem em suas próprias vidas.

Podemos resumir essa complexa dinâmica na vida das pessoas *links* dizendo que preferem perder boas oportunidades a serem acusadas de serem oportunistas antiéticas, ou seja, de serem más.

Uma das consequências dos sentimentos complicados em relação aos pais, junto com seus sentimentos de dúvida e culpa paranoide, é a sensação de não se encaixar em lugar nenhum, de se sentir constantemente desconfortável. Uma questão fundamental para as crianças links *é como viver a vida sem se sentir e se comportar em oposição a todos para ter a liberdade de que precisam e, simultaneamente, não ter de abrir mão do sentimento de pertencimento. Este também é um tema chave na vida dos adultos* links: *como ser ao mesmo tempo "para mim" (como um indivíduo) e "para os outros" (como um membro de uma família e de uma comunidade).*

4. Evento incomum ou traumático durante a infância

As circunstâncias do nascimento ou da infância da pessoa *link* são incomuns. Houve algum grande trauma ou transição na família na época do nascimento, durante a primeira infância ou na infância que os fez vivenciar, muito cedo, a finitude do tempo e do espaço.

Isso os leva à angústia metafísica: "O que é a vida? Qual é o meu propósito? Quem sou eu neste mundo?". Essas perguntas se apresentam aos *links* desde muito cedo. Mesmo que suas realizações pareçam notáveis para outras pessoas, os *links* não as celebram como tal porque satisfazem apenas uma parte de si mesmos. Os *links* se sentem incompletos e insatisfeitos quando sentem que não podem fazer uma diferença significativa no mundo. A sensação de buraco negro, de vazio existencial, os leva a uma busca constante por algo que não podem definir, um "algo" que lhes dê a sensação de paz, de terem chegado à "casa" que tanto desejam.

Também surge o vício pela busca. As pessoas *links* não têm uma ideia clara, definida ou definível do que acreditam que lhes dará a paz tão necessária para acalmar suas angústias cotidianas, pois não sabem que se trata de uma angústia metafísica, que está além da realidade concreta. Apenas descobrem o que estão buscando quando o encontram. E muitas vezes não sabem como parar para saborear a alegria de construir lentamente, com paciência, os mapas específicos no caminho da criação de suas identidades individuais.

O trauma é mais simplesmente definido como algo que acontece ou afeta a alguém, de um modo inesperado, intenso ou rápido demais. Um feto pode sofrer trauma ainda no útero por meio da transmissão de um trauma sofrido pela mãe durante a gravidez, assim como os recém-nascidos podem vivenciar seus próprios traumas durante o processo de parto. Eventos traumáticos, como mortes na família ou um transtorno importante, como mudar para um lugar diferente ou passar por um divórcio, entre outros eventos repentinos que mudam a vida de maneira dramática, afetam o feto, o recém-nascido, o bebê ou a criança pequena.

Para as crianças *links*, sua extrema capacidade de empatia global garante que qualquer trauma que aconteça ao seu redor, afetando a elas próprias, sua mãe ou outros entes queridos, deixará nelas uma marca profunda e indelével. Então, desde muito cedo, às vezes antes mesmo de nascerem, as crianças *links* experimentam uma profunda conexão com a finitude, com a perda e com a morte – com o que é irreversível. Esta conexão produz nessas crianças duas características bem definidas: uma sensação de angústia subjacente e onipresente e a necessidade de seguir buscando respostas e sentidos, o que se converte facilmente em um vício.

Apesar da capacidade das crianças *links* de terem alegria e prazer na vida e de enriquecerem seus pares e grupo familiar com esperança, criatividade e projetos que estimulam a curiosidade e a imaginação, seu sentimento de angústia (também comum em artistas de todos os tipos) tem a ver com a certeza da vida, assim como a certeza da morte. Ou seja, além de serem muito conscientes dos limites e da finitude do tempo e do espaço, as crianças *links* também experimentam continuamente, em sua vida diária, a consciência incomum que vem de sua empatia global e a consciência de seus muitos *eus* diferentes; tudo o que contribui para que experimentem constantemente a intensidade e a plenitude da vida. No entanto, por trás de tudo isso, há uma sensação de angústia persistente e penetrante.

A necessidade de seguir buscando respostas e significado pode se manifestar nas crianças *links* por meio de sua grande curiosidade e necessidade de questionar tudo – desde por que certas coisas no mundo são como são (perguntas sobre a natureza, por exemplo) até porque têm de obedecer a seus pais (perguntas sobre a hora de dormir, a comida, escovar os dentes etc.). Quando as crianças *links* não obtêm as respostas de que necessitam, ou nenhuma resposta, sentem-se, no melhor dos casos, insatisfeitas e frustradas e, no pior dos casos, perdidas e abandonadas. Expressam essas sensações por meio da raiva, da rebeldia e de outros comportamentos desafiantes, o que os coloca repetidamente em um lugar de se sentirem "maus". Ou, como já foi mencionado, eles incorporam a falta de resposta como um defeito próprio e ficam melancólicos devido à desvalorização inerente causada pelo que consideram um erro pessoal imperdoável e injustificável.

Sua busca, como crianças e adultos, muitas vezes é acompanhada ou impulsionada por um vício em adrenalina, que muitas vezes se manifesta como a necessidade de participar de projetos desafiadores, esportes radicais ou atividades arriscadas, até mesmo perigosas. *Links*, no entanto, também tendem a procrastinar projetos e sentir que nada vale o esforço, muitas vezes mudando de um projeto ou atividade para outra e, como adultos, passando de uma carreira para outra, exibindo o que pode parecer uma atitude arrogante e narcisista em relação à sua vida pessoal e profissional. Novamente, não se trata de arrogância, mas, sim, de desespero niilista. Valem a pena o compromisso, o esforço, a esperança se não houver uma verdade que dure para sempre, ou seja, que supere os limites, que transcenda a morte? Por isso, também rejeitam a ideia de tomar medidas preventivas e só reagem com toda a potência de que são capazes quando a possibilidade de desaparecimento físico ou simbólico é iminente.

As crianças *links* têm uma consciência quase inata de que nascer é começar a morrer. Para estar vivo e inserido na raça humana, é preciso sair do útero e se expor à sensação de desamparo, de solidão. Lidam constantemente com paradoxos, diferenças e contradições entre ser um indivíduo e ser membro de uma família, entre rituais pessoais e tradições comunitárias, entre ser um indivíduo e pertencer ao coletivo, entre estar vivo e estar todo o tempo consciente da morte.

Embora seja verdade que todos os seres humanos estejam inscritos nas inevitáveis dualidades do universo – eu/outro, indivíduo/espécie, natureza/cultura, vida/morte, sentimento/ pensamento, liberdade/segurança etc. — as pessoas *links* sofrem as consequências dolorosas dessas dicotomias de uma forma muito mais intensa e profunda do que outras.

A consequência de experimentar um trauma tão cedo na vida é ter uma consciência prematura da finitude do espaço (cada um de nós ocupa um corpo distinto e separado neste mundo e, devido a essa individualização, movemos sozinhos pela vida) e do tempo (todos nós morremos), que resulta em uma angústia metafísica, potencializada pela extrema capacidade de empatia global da criança link. *O trauma é tão poderoso que seus pais, em grande parte devido às suas visões de mundo diferentes e à incapacidade de entrarem em acordo sobre as respostas "corretas" a darem aos seus filhos, não podem ajudá-los a escapar do sofrimento que será parte de suas vidas. O adulto* link *busca desesperadamente esse abraço preciso e incondicional, tão necessário para se perdoar por ter sido como era quando criança e como é no presente.*

Essas quatro circunstâncias juntas são as condições necessárias e essenciais que produzem a "tempestade perfeita" originária na existência das pessoas *links*.

Se uma dessas circunstâncias não estiver presente, outro tipo de criança pode surgir – talvez uma criança difícil – mas não uma criança *link*. Por exemplo, se a criança não tem o dom da empatia global, ela não incorporará os valores diferentes de seus pais como seus próprios. Se a criança é dotada de empatia, mas os pais vêm de origens semelhantes e compartilham os mesmos valores, estilos e objetivos, ela recebe deles um mapa coerente com o qual pode navegar sua própria vida em harmonia. Se os pais forem abusivos e não demonstrarem amor, a criança pode desenvolver um grave transtorno de personalidade ou uma tendência a comportamentos psicopáticos. Se a criança não sofrer algum tipo de experiência traumática muito cedo em sua vida, ela não desenvolverá uma sensibilidade extraordinária para situações dolorosas da vida, como a injustiça social e o sofrimento dos outros.

As pessoas *links* se acalmam e encontram os caminhos para alcançar a paz tão desejada quando aprendem a não se consumir por dentro pelas faíscas das muitas contradições que percebem e sentem desde o momento em que abrem os olhos para o mundo.

Capítulo 3

Os quatro tipos de link:
Mártir, Reprimido, Excêntrico, Rebelde

Antes de encontrar a forma peculiar de ser um *link* – ou seja, no meu idioma, antes de passar pelo processo de mutação pelo qual eles conseguem entender suas contradições como paradoxos e cuidar de suas diferentes necessidades de forma harmoniosa e respeitosa, tanto para si mesmos quanto para os outros –, as pessoas *links* se comportam de maneiras sintomáticas.

Sintoma, na compreensão psicológica, é a autopunição por ter satisfeito um desejo que é sentido como inadequado. Dessa forma, os sintomas das pessoas *links* (culpa paranoide, dificuldade em tomar decisões, insatisfação constante) são a autopunição por terem satisfeito uma das partes contraditórias que é sentida como inadequada pela outra parte.

Pela minha experiência clínica, identifiquei quatro maneiras pelas quaisc rianças e adultos *links* encontrams eu lugar no mundo antes de vivenciarem a profunda transformação que lhes permite ser totalmente *link*, libertando-os para serem autenticamente eles mesmos e para se comportarem de maneiras benéficas para si e para os outros ao mesmo tempo.[3] O cerne do desafio para os *links* é a tensão entre sua necessidade de pertencer – a uma família, comunidade, cultura ou instituição – e sua necessidade de serem livres e não se sentirem encurralados pelas expectativas desses grupos e instituições, assim como suas regras e estruturas. Até que, como adultos *links*, façam o trabalho necessário para encontrar uma maneira de existir no mundo que não se baseie em contradições dolorosas, mas em paradoxos criativos – o trabalho que os leva à mutação que lhes permite sentirem-se confortáveis consigo mesmos e em sua relação com o mundo – sua vida cotidiana é atormentada por senti-

---

3. Esta transformação, que eu chamo de "processo de mutação", está descrita no Capítulo 13.

mentos de angústia, culpa paranoide, autodúvida e um profundo sentimento de vazio, de solidão, de não saber onde se encaixar na vida. Para gerenciar a confusão interna – bem como o caráter contraditório e conflituoso inerente à sua vida doméstica (devido aos valores e crenças contraditórias com que foram criados e à relação conflituosa entre seus pais) – adotam inconscientemente certos personagens (que nada mais são do que mecanismos de defesa ou estratégias de proteção). Isso lhes permite navegar pelas águas confusas e, muitas vezes, tempestuosas em que vivem sem ter nada confiável e estável para se agarrar, nem interna e nem externamente.

Os quatro personagens são o Mártir, o Reprimido, o Excêntrico e o Rebelde. Embora os quatro tipos de *link* tenham as características básicas em comum, exageram algumas características mais do que outras, de modo que as formas em que a personalidade *link* se manifesta variam. Essas formas variam de acordo com as dinâmicas familiares e as influências sociais que recebem. Na busca pela paz interior, no anseio de aliviar a tensão interna entre sua necessidade de ser livre e sua necessidade de pertencimento, cada tipo de *link* terá de enfrentar um trabalho transformador/reconciliador diferente. Cada tipo de *link* se caracteriza por um tipo específico de autossabotagem e por um sintoma particular.

A criança *link* é o membro da família que, devido à sua extrema empatia global, internaliza tudo o que vê ou intuitivamente percebe ou "sabe" que acontece na família: mal-entendidos, contradições e conflitos – mesmo aqueles que estão sob a superfície como um desconforto silencioso, que não é evidente nem notável para outros membros da família. Ela adota uma maneira de se comportar que, mesmo momentânea e superficialmente, a protege de suas próprias contradições: inventa uma verdade ao amputar e reprimir uma parte de si mesma, seja a necessidade de liberdade ou a necessidade de pertencimento. Esse mecanismo de defesa cria estratégias sintomáticas na infância que se estendem à idade adulta das pessoas *links*.

Os quatro tipos de *link*, então, são mecanismos de defesa, estratégias inconscientes para lidar com tudo o que veem ao seu redor e para processar o bombardeio de emoções confusas e contraditórias que experimentam continuamente por causa de sua intuição e empatia global. Como a criança *link* não passou pelo processo de mutação que lhe permitirá se sentir confortável em sua complexidade, essas estratégias servem apenas como soluções parciais para o que está acontecendo. Como qualquer mecanismo de defesa, também agem contra a criança, marginalizando-a ainda mais, fazendo com que outros, especialmente seus pares, a rotulem como "estranha" ou "diferente". E, acima de tudo, lhes fazem perder a riqueza interna ao não usarem todas as suas potencialidades afetivas. Aqui, eu ofereço breves descrições de cada tipo de *link*. Embora os exemplos utilizados envolvam crianças, os adultos *links* também adotam (ou continuam adotando) esses mecanismos de defesa e se reconhecerão nas descrições a seguir.

Mártir

Mártires, como o nome sugere, são crianças *links* que se sentem maltratadas por todos – seus pais, colegas, professores e outros. Embora seus pais tentem cuidar bem delas, estabelecendo limites e ensinando-lhes "as regras do jogo", as crianças *links* que adotam a estratégia de serem mártires sentem que são tratadas com um rigor que não se aplica a todos na família igualmente e que são vítimas de constantes injustiças.

Mártires também são as vítimas por excelência de autossabotagem, sofrendo em situações que não incluem conflitos inevitáveis. Em circunstâncias em que deveriam ir bem, vão mal. Podem deliberadamente optar por perder jogos ou competições, por exemplo. Apesar de, ou melhor, graças à sua inteligência, podem optar por não ter um bom desempenho na escola, por não fazerem seu trabalho ou estudarem para provas. O sofrimento autoinfligido é uma maneira de mostrar aos outros que o mundo é mau e injusto e de denunciar o mal, uma tarefa na qual falham consistentemente porque parecem aos outros como tolos em vez de justiceiros valiosos.

Como todos os *links*, a única voz que ouvem é a voz de sua própria meia-verdade, que está enraizada exclusivamente em suas intuições e crenças: eles são os mocinhos, os altruístas, aqueles que se preocupam com as emoções, em contraste com os outros, a quem rotulam como egoístas e buscadores de poder. Sua meia-verdade é tão poderosa que os faz criar situações em que são realmente maltratados. Estão convencidos de que ninguém vai acreditar neles quando apontarem as muitas injustiças que veem ao seu redor, uma percepção que se confirma na realidade.

Sua sensibilidade e preocupação com os outros e suas formas aparentemente boas e abnegadas (que claramente lhes causam sofrimento) são percebidas de fora como exageradas ou "excessivas", levando os outros a ridicularizá-los e desacreditá-los por negarem suas próprias necessidades e cederem às exigências dos outros na medida extrema em que o fazem. Esses comportamentos levam também as pessoas a pensarem que eles estão exagerando seu sofrimento e, portanto, a não os levar a sério. Paradoxalmente, têm tanto medo de serem ridicularizados ou rejeitados por serem os seres sensíveis e autenticamente bons que são, que em vez de se apropriarem de sua sensibilidade e defendê-la com a metade negada de si mesmos, ou seja, sua força, comunicam suas necessidades aos outros de maneira ininteligível. Como resultado, sentem-se mal, miseráveis e sozinhos. Sentem que os outros não reconhecem sua bondade. Em vez de permanecerem firmes em sua sensibilidade, agem a partir de um lugar de fraqueza. Resumindo, "interpretam o mártir" que irrita e provoca rejeição ao invés de terem sua bondade reconhecida recompensada.

Do ponto de vista do mártir, são completamente desapegados e altruístas. Acreditam que buscam o bem-estar dos outros e negam suas próprias necessidades para atender às necessidades dos outros, acreditando que assim serão amados. Acham que seu sacrifício faz deles os mocinhos da família e lhe permitirá permanecer como parte dessa, uma necessidade fundamental para eles. Na verdade, inconscientemente, veem como sua missão na vida denunciar outros membros da família como ruins por não estarem igualmente tão dispostos ao sacrifício. Não querem ser marginalizados, mesmo que seus comportamentos levem a isso.

Embora o objetivo com sua "bondade" exagerada seja fazer com que a outra pessoa sinta compaixão e simpatia, essa, em vez disso, sente-se acusada de ser mesquinha ou má, e reage, às vezes, não dando ao mártir o que ele procura e precisa – afeto e sentimento de pertencer – e critica o mártir, punindo-o por ser tão altruísta, sem entender porque escolhem o sofrimento no lugar do poder da boa autoestima. Para mártires, o poder significa fazer o que se quer com outras pessoas e ser mau. Não concebem a possibilidade de usar seu poder de maneira saudável para dizer "não" a outra pessoa e fazer o que querem, porque temem ser considerados maus e depois abandonados. Sua incapacidade de expressar diretamente seu próprio poder marginaliza ainda mais o mártir dentro da estrutura familiar.

O Mártir pode começar a conciliar sua necessidade de liberdade com sua necessidade de pertencer apenas se: 1) perceber que seu comportamento altruísta não lhe dá o senso de pertencimento e amor que está buscando; 2) superar o medo de ser considerado egoísta ou mesquinho ao usar o próprio poder interior de forma saudável para cuidar de si mesmo e não negar suas próprias necessidades e desejos; e 3) entender que os membros da família que podem não ser tão sensíveis ou que não se importam tanto com a dor dos outros ou as injustiças do mundo não são pessoas ruins por não terem a empatia global e a profunda sensibilidade do mártir.

Reprimido

As crianças *links* que adotam a personalidade Reprimido são crianças que, devido à sua empatia global, estão muito conscientes e preocupadas com o que os outros estão passando, mas não se permitem sentir o que está acontecendo com elas mesmas. Estão intimamente ligadas às expectativas de qualquer grupo ao qual estão conectadas, seja família ou um grupo na escola, um clube, uma equipe ou um grupo de amigos. Desejam tanto pertencer, ser aceitas pelo grupo ou instituição, que estão dispostas a desistir de seus próprios sentimentos, percepções e intuições, bem como de sua própria dor emocional. Ao contrário do Mártir, o Reprimido é alguém que omite suas ideias, ou verdades, bem como seu sofrimento. Eliminam metade de sua verdade ao reprimir a necessidade de liberdade, porque têm muito medo da solidão que a autonomia implica. Não existem fora do papel que desempenham em relação aos outros, em troca de pertencimento, mesmo que isso custe uma parte importante de si mesmos.

Eles se esforçam tanto para não perturbar os outros com sua voz — seja sua expressão criativa, suas ideias ou a denúncia de problemas ou falhas que observam – que o fazem à custa de nem mesmo ouvir sua própria voz. Os Reprimidos estão cientes das necessidades dos outros, mas em relação às suas próprias necessidades sentem-se encaixotados e incapazes de "soltar-se", incapazes de expressar suas opiniões e pontos de vista por medo de criar interrupções e serem punidos ou rejeitados. Para os Reprimidos, essa contenção de sua voz e originalidade muitas vezes se manifesta como sintomas físicos ou como doenças psicossomáticas e autoimunes. Sua sensibilidade também pode surgir de maneiras mais benignas, como chorar enquanto assiste a um filme ou ler um livro. Com o tempo, no entanto, podem perceber que não sentem nada, optando por ficarem emocionalmente adormecidos para não sofrer continuamente com a própria dor, reprimida e negada. A dormência, no entanto, é simplesmente uma máscara por sentirem-se sobrecarregados em situações, grupos ou instituições onde a dissidência é desencorajada ou mesmo punida. Para os Reprimidos, a recusa em falar – e a sensação de que é impossível fazê-lo por causa de restrições e expectativas – é transmitida para qualquer instituição a que eles queiram pertencer, começando pela família.

Para evitar conflitos, suprimem praticamente uma parte fundamental de si mesmos: preferem não existir como indivíduos a correr o risco de não existir na família, no grupo ou instituição na qual precisam sentir que pertencem. O resultado é que só se permitem falar a língua do intermediário, o que os faz sentir amorfos, como alguém que não tem nada a dizer que seja realmente seu.

Alguns Reprimidos são tão leais ao grupo que estão dispostos a suprimir sua capacidade de se emocionar a ponto de nunca se lembrarem de terem vivido emoções empáticas. Alguns deles se veem como monstros, incapazes de qualquer tipo de sentimento. Mas a verdade é exatamente o oposto: sentem tanto que se veem sobrecarregados por sentimentos confusos sobre como manter sua individualidade, visto que usam todas as suas habilidades para serem aceitos pelos outros idealizados.

Dos quatro tipos de *links*, os *links* adultos que adotaram a personalidade de Reprimido têm a tendência mais forte de ser, e/ou se sentir acusado de ser camaleão — de mudar suas opiniões, perspectivas e preferências, dependendo de como ou onde estão, e do que estão passando em um determinado momento. Adultos e crianças *links* que adotam essa estratégia podem ter amigos que são muito diferentes uns dos outros, porque o Reprimido não se sente confiante o suficiente sobre uma maneira específica de ser a ponto de conseguir escolher uma "tribo". Como todos os *links*, eles existem no "no meio" (*in-between*), ocupando o espaço do conector, já que é muito difícil saberem o que pensam e sentem por conta própria.

A síndrome do impostor é mais intensa para os Reprimidos justamente porque não reconhecem, revelam ou se conectam com suas necessidades mais profundas, que permanecem ocultas, e porque não sabem quais de seus sentimentos são autênticos em relação a si mesmos e aos outros. Até que experimentem a mutação que lhes permita florescer plenamente como *link*, fazendo com que a função de conector funcione para eles como um espaço de conforto, continuarão a sofrer com a síndrome do impostor e a repressão à qual isso leva.

A fim de integrar seus múltiplos pontos de vista e resolver seu conflito interno entre liberdade e pertencimento, os Reprimidos precisam aprender a reconhecer e superar: 1) o medo de serem punidos, rejeitados ou não amados, caso se conectem com suas necessidades individuais, quando essas são diferentes das necessidades do grupo ao qual querem pertencer; 2) o medo de se sentirem – ou de serem percebidos como – mesquinhos, cruéis ou egoístas quando dizem "não" aos desejos dos outros ou expressam seus próprios desejos; 3) o medo de aceitar que ninguém é perfeito e que mesmo as pessoas que amam são capazes de fazer o mal, e o medo que os acompanha ao sentirem-se fracos por não pertencerem à família perfeita; 4) o medo de que sejam punidos se fizerem algo errado, mesmo quando esse ato não merece punição; e 5) o medo de que fazer a coisa certa para eles é necessariamente tirar vantagem dos outros. Superar esses medos lhes permitirá serem mais realistas sobre os efeitos que terão quando saírem do esconderijo e finalmente conhecerem e expressarem suas próprias necessidades e desejos.

Excêntricos

As crianças e os adultos *links* que se comportam como Excêntricos podem ser mais fáceis de serem reconhecidos do que Mártires ou Reprimidos. Estas pessoas, crianças ou adultos, são extremamente criativas, originais e autônomas. Fazem o que querem fazer, incluindo coisas que os outros acham estranhas ou diferentes. No entanto, ao contrário dos Reprimidos, que sufocam sua própria "estranheza" para pertencer à família ou a um determinado grupo ou instituição, os Excêntricos exibem sua singularidade para todos verem. Eles deliberadamente vão contra as tendências ou o que é considerado "descolado" para se definirem como diferentes e superiores àqueles que se preocupam com esse tipo de coisa, desprezíveis segundo eles. Podem, por exemplo, optar por ficar em casa construindo um robô em vez de ir a uma partida de futebol da escola. Podem deliberadamente se vestir formalmente para uma ocasião, embora saibam que seus pares usarão *jeans* e tênis. Podem tingir o cabelo de verde ou usar o cabelo de uma maneira incomum quando ninguém mais usa e está fora de moda. Eles realizam esses gestos de excentricidade precisamente para se destacarem como diferentes e mostrarem um claro desprezo pelo que percebem como a conformidade passiva e rejeitável das pessoas "normais" que aceitam as convenções formais.

Os *links* Excêntricos são ferozmente independentes e preferem cuidar de suas próprias necessidades. Em geral não pedem ajuda e, na verdade, muitas vezes recusam ajuda quando é oferecida, não permitindo que os outros interfiram em suas vidas. Comportam-se em geral como adultos que tudo sabem, ainda que sejam crianças. Podem ser desrespeitosos com figuras de autoridade e com as regras das expectativas sociais. No entanto, sua inteligência e sua empatia global permitem que saibam como transgredir de uma maneira que não os leve a serem punidos. Não demonstram necessidade de pertencer a um grupo, de serem amados ou de receberem o abraço preciso – o abraço metafórico que atinge alguém em seu lugar mais vulnerável e ferido. Isso porque enterraram sua dor tão profundamente que eles mesmos não têm uma compreensão consciente da causa de sua dor ou por que machuca a forma como são tratados pelos outros.

Na superfície, dependem muito menos do mundo ao seu redor do que os Mártires ou os Reprimidos. As pessoas mais próximas, no entanto, se preocupam com a relação desses seres excêntricos com o mundo porque sabem que serão rejeitadas por serem "muito diferentes". Também é verdade, no entanto, que são admiradas pelo poder que têm de tolerar ser diferente sem medo do isolamento social. O respeito e a admiração que adultos e crianças excêntricas inspiram, juntamente com sua aparente autossuficiência, os afastam ainda mais de receber o abraço do pertencimento. Eles se atrevem a reconhecer sua necessidade de pertencimento apenas em tempos de profundo sofrimento ou quando se conectam com a dor e a tristeza que suas excentricidades e rejeições causam nas pessoas importantes em sua vida.

A autonomia dos Excêntricos é acompanhada de afirmações de que não se importam se os outros os ouvem, aceitam ou amam. Uma vez que sua empatia global e intuição lhes dizem como os outros reagirão a qualquer coisa que dizem ou fazem, desenvolvem uma habilidade extraordinária de viver uma vida autônoma, a ponto de desistirem completamente da interação com os outros. Embora possam dizer que não se importam se os outros os aceitam ou amam, e embora se comportem de maneira tão inconformista que se marginalizam completamente, na verdade, desejam pertencer. Embora não precisem do reconhecimento de todos os outros para terem confiança em suas próprias crenças, valores e verdades, anseiam por conexão, carinho, amor e pelo abraço preciso de algumas pessoas especiais que idealizam e pelas quais têm um medo silencioso de serem rejeitados.

Podemos pensar nos Excêntricos como cisnes que se consideram "acima de tudo", recusando-se a nadar no mesmo lago que os patos, porque sentem que, como está cheio de patos humildes, é o lago errado para eles. Para sua desvantagem, essa recusa em participar e a decisão de permanecerem marginalizados fazem com que se sintam isolados e sozinhos. Quando os cisnes finalmente decidem pular na água, muitas vezes acontece que esse não é um lago claro e aconchegante, mas um lago cheio de escória, um pântano ou uma poça de lama. Ou seja, de forma imprudente, podem saltar em vários tipos de situações em que serão feridos, desapontados, abusados ou explorados. Essa imprudência também é característica de Mártires e Rebeldes, mas os Excêntricos muitas vezes entram em situações ainda piores. Por exemplo, podem insistir em impor sua vontade em uma situação em que já há um líder e recusar-se a reconhecê-lo, desafiando as regras estabelecidas do grupo ou da instituição em questão com acusações de arbitrariedade e abuso de poder. Ou podem sentir-se pouco valorizados em sua criatividade e achar que sua genialidade e dedicação total à sua paixão não lhes proporcionam as recompensas de reconhecimento que esperavam. Isso frequentemente os leva à depressão e, em alguns casos, a uma atitude niilista que lhes permite acreditar que devem continuar sendo como são, sem tentar melhorar seus sistemas de comunicação, já que, de qualquer forma, acreditam que ninguém lhes presta a atenção que acham que merecem. Essas consequências negativas os convencem de que estavam certos em pensar que não deveriam ter se lançado na água e os fazem retornar marginalizados, solitários e ressentidos à margem do lago claro e acolhedor que os atraiu, mas não os recebeu como esperavam

A fim de integrar a necessidade de ser livre à sua necessidade de pertencer, os Excêntricos devem aprender que: 1) ser agradável ou levar em conta os sentimentos dos outros não significa que estão sendo hipócritas ou tentando ganhar poder sobre os outros; 2) aceitar o amor que inspiram nos outros não significa que são manipuladores ou que serão acusados de sê-lo; 3) a necessidade de sentir pertencimento não os enfraquece ou faz sua singularidade desaparecer; 4) o amor não necessariamente escraviza, também liberta.

Rebelde

Os Rebeldes optam por se defenderem a si mesmos – suas crenças, ideias, valores – rebelando-se contra as expectativas de seus pais e pares e comportando-se de maneiras que desafiam aqueles ao seu redor. Sua desobediência, acessos de raiva e birras são formas perturbadoras de tentar garantir que suas próprias crenças ou verdades sejam ouvidas. No entanto, suas declarações barulhentas e raivosas mascaram uma falta de autonomia, dúvidas profundas sobre si mesmos e, acima de tudo, um insidioso sentimento de culpa paranoide.

Os Rebeldes querem pertencer e querem ser aceitos pelo que são. Querem que sua verdade faça parte da coleção de verdades da família ou do grupo que almejam, mas como essa verdade não se encaixa facilmente com a da família ou grupo, agem desafiadoramente. Muitas vezes, sentem um forte impulso para se afastar, mas não suportam a solidão da liberdade completa. Ao mesmo tempo, seu senso ético os impede de desfrutar dos privilégios da pertença, já que não estão dispostos a renunciar às suas verdades individuais que diferem das do grupo. Como todos os *links* antes do processo de mutação, não negociam consigo mesmos. A verdade é tudo ou nada, mesmo que isso signifique cercear alternadamente uma de suas verdades — a de serem completamente livres ou a de pertencerem completamente.

Os Rebeldes compartilham com os Mártires a necessidade de denunciar as injustiças, mas sua maneira de fazer isso é agir com mais maldade do que a mesquinhez ou o abuso de poder ao qual se opõem. Paradoxalmente, não tentam usurpar o poder da autoridade. Pelo contrário, com suas atitudes provocativas, tentam fazer com que a autoridade assuma maior compromisso e responsabilidade com o cuidado dos "fracos", já que, ao detectar as contradições ou fraquezas da liderança formal, não confiam nas maneiras como as pessoas que detêm o cargo de forma legítima exercem suas funções.

Para superar essa dolorosa compreensão da situação, que está ligada à tensão que sentem entre a necessidade de se sentirem livres e a necessidade de pertencer, os Rebeldes devem aprender: 1) a expressar suas opiniões sem lutar e sem tentar minar as figuras de autoridade em qualquer situação para sentir que têm algum tipo de poder; e 2) a discernir quando estão realmente sendo maus por competição, inveja ou rivalidade implícita ou explícita e precisam reconhecer seus erros, e quando estão agindo mal (ao comportar-se mal) apenas para pressionar figuras de autoridade, que os rebeldes percebem como ineficazes, reclamando que tomem providências e se responsabilizem, da forma como pensam que seria a maneira correta em determinada situação.

Nos quatro casos, a tarefa é conciliar o conflito entre as necessidades profundas e autênticas de ser livre e pertencer, entre os desejos profundos e autênticos de amar e ser amado, e entre os medos profundos e autênticos de abandonar e ser abandonado.

Capítulo 4

A *criança link*

Você já pode estar reconhecendo uma pessoa *link*, seja você mesmo ou alguém próximo, ao considerar as características *links* já descritas. Para os pais, criar esse tipo específico de criança "difícil" é repleto de desafios diários, muitas vezes vivenciados como insuportáveis. Nada do que fazem parece ser suficientemente bom para a criança. Todos os pais têm essa mesma sensação de vez em quando, mas os pais das crianças *links* a experimentam quase continuamente e ficam cada vez mais exaustos e desnorteados sobre como acalmar, satisfazer e tranquilizar a angústia de seu filho, que se manifesta, dependendo da criança, em comportamentos de extrema rebeldia ou isolamento extremo.

Ao mesmo tempo, a criança *link* exibe também inúmeras características e comportamentos positivos, benéficos e únicos, tornando-se querida por muitos, se não por todos, e fazendo com que seus pais e entes queridos as apreciem como pessoas talentosas, originais, interessantes e amorosas.

As crianças com traços de personalidade *link* são naturalmente brincalhonas, enérgicas, imaginativas, carismáticas, determinadas, excessivamente seguras, entusiasmadas, excitáveis e curiosas. São o que poderíamos chamar de "espíritos livres" devido à sua fé inabalável nas possibilidades que a vida oferece e compromisso de explorá-las. Para elas, a vida é cheia de magia, e são impulsionadas pelo poder de seus desejos. Estão tão ansiosas para abraçar o mundo em sua totalidade, que estão sempre prontas para embarcar em uma nova aventura, e outra e outra. Parecem sentir que não têm tempo a perder apenas existindo de forma passiva ou aceitando a vida que outros tentam impor. Em vez disso, têm uma necessidade urgente de criar, descobrir e inventar novas maneiras de estar vivas.

Essas características maravilhosas em si mesmas, no entanto, estão no centro dos confrontos irritantes e às vezes dramáticos que as crianças *links* têm com seus pais e colegas. Embora essas crianças possam ser espíritos livres, também experimentam sofrimento extremo, e quase constante, devido a um impulso sempre presente de questionar absolutamente tudo (muito mais do que outras crianças) e a decepção resultante de receber respostas insatisfatórias ou desdém daqueles ao seu redor. Essas perguntas podem variar de questões aparentemente mundanas e cotidianas a questões mais profundas relacionadas ao significado da vida e ao lugar de uma pessoa no universo. Elas podem variar de "por que devo escovar os dentes?" ou "por que eu tenho de ir para a cama agora?" para "por que o céu é tão grande e eu sou tão pequeno?" ou "por que as estrelas estão tão distantes e fora do meu alcance?". Também podem incluir perguntas que mostram a angústia existencial da criança em sua expressão máxima: "quando você vai morrer?" ou "por que eu tenho que morrer?". Esse desespero de ter constantemente dúvidas que elas se sentem compelidas a perguntar – às vezes acompanhado pela frustração de não poder formulá-las claramente para si ou para os outros e, portanto, não receber respostas satisfatórias ou mesmo nenhuma resposta –, cria um profundo vazio nas crianças *links*.

O desespero também se deve a uma desconexão entre a questão fundamental da criança *link* e a de seus pais sobre a vida. Enquanto os pais estão frequentemente preocupados com a questão de como viver a vida, isto é, "o que fazer na vida", a questão mais profunda e permanente da criança *link*, e do adulto *link*, é sobre a natureza e o significado da vida em si, ou seja, "*o que é a vida?*".

Em contraste com a maneira como a maioria das pessoas parece ver o mundo, que pode ser caracterizada como através de uma lente ou moldura unidimensional que permite que apenas um aspecto ou faceta da vida seja vista de cada vez, as crianças e os adultos *links* têm mentes que veem (e pensam) em 360 graus, como um periscópio. Por isso, muitas vezes pais e terapeutas podem erroneamente diagnosticar essas crianças com Transtorno de Déficit de Atenção e Hiperatividade (TDAH). Este foi o meu próprio sentimento como uma criança *link*, quando disse à minha mãe que meus pensamentos eram como centenas de cavalos galopando na minha cabeça sem nenhuma maneira de controlá-los. Era como se todos os meus pensamentos e toda a minha capacidade de concentração estivessem indo na mesma direção, mas em uma velocidade que me deixava muito ansiosa e fazia meu coração bater rápido demais em meu peito.

A necessidade de sugerir e incitar outros a iniciar uma atividade, muitas vezes uma atividade nova, se enraíza em uma curiosidade profunda, em um desejo profundo de "não perder nada" do que o mundo tem para oferecer, enquanto se estiver vivo.

A neurociência nos permitiu entender que o cérebro humano trata a curiosidade de forma semelhante às atividades prazerosas. Quando buscamos ativamente novas informações levados pela curiosidade, somos recompensados com uma injeção de dopamina, um neurotransmissor no cérebro responsável, entre outras coisas, por sentimentos de prazer e calma. Procurar novos jogos, novas atividades e experiências, desencadeia o efeito calmante da dopamina. De mãos dadas com essa necessidade constante de experimentar algo novo está o desejo de ir mais fundo em algo, de sentir a confiança (e a calma que a acompanha) de dominar um novo campo de conhecimento, de atingir um nível de especialização em algo. Esse desejo é acompanhado pelo de acalmar a profunda ansiedade de não ter uma resposta única para a questão básica sobre o que é a vida e seu concomitante questionamento sobre o que é a verdadeira verdade, ou seja, quem sou eu, entre meus múltiplos eus.

As pessoas *links* sentem desde muito cedo na infância uma divisão entre *a vida e o mundo*. Outra maneira de entender essa divisão é a distinção filosófica clássica entre *essência e existência*, ou entre *natureza e cultura*. Essas formas conhecidas de tentar compreender nosso lugar no mundo e como nos tornamos quem somos estão relacionadas a questões de identidade: "quem sou no fundo?" e "qual é a minha essência?" *versus* "quem devo ser para me comportar como a sociedade espera que eu me comporte?" e "qual é a minha existência?".

A primeira vez que senti que entendia o que poderia estar acontecendo com essas crianças em relação a essa sensação de desconforto de estar em sua própria pele foi enquanto ouvia Kaito, um paciente de 35 anos que compartilhava comigo uma lembrança da infância. Nesta cena, ele tinha seis anos e havia imigrado com sua família do Japão para Nova York dois anos antes.

Enquanto Kaito estava deitado na cama, olhou pela janela e viu um céu impressionante cheio de estrelas. Começou a pensar em como as estrelas estavam distantes, quantas poderiam existir na imensidão daquele espaço enorme e inacessível. Mas o que começou como uma sensação de fascinação, de repente se transformou em um ataque de pânico que o fez gritar, explodir em lágrimas e correr pela casa. Não soube explicar aos pais, que tentavam acalmá-lo sem sucesso, o que estava acontecendo com ele ou o que lhe causava tanta angústia. Naquela época, ele não tinha as palavras certas, como teve anos depois comigo, para explicar aos pais o que estava sentindo: desespero diante da certeza de estar sozinho, trancado em seu próprio corpo, em seu próprio tempo. O universo lhe prometia um mundo tão grande no qual caberia toda a sua vida – essa vida tão rica e cheia de possibilidades e mistérios intrigantes. Mas a imensidão do universo também o fazia se sentir tão pequeno e desamparado diante dos mistérios da vida e dos fascinantes desafios do mundo que não conseguia encontrar, naquele momento, respostas que o fizessem sentir-se em paz. Ele não sabia como inserir sua vida no mundo real.

A sensação de Kaito de ser oprimido pelo céu noturno, que provocou sua reação extrema de se sentir assustado, sozinho e desamparado, foi exacerbada pela tensão contínua entre as diferentes ideias de seus pais sobre como ele deveria seguir seu caminho no mundo. A solução para encontrar seu lugar no mundo que seu pai oferecia – e exigia – era vencer o maior número possível de competições esportivas. Ele encorajou Kaito em suas tremendas habilidades físicas e assegurou-lhe que desta forma seria admitido nas melhores universidades deste novo e idílico país. A solução que sua mãe apresentou foi cultivar sua enorme sensibilidade emocional. Ela lhe mostrava devoção afetuosa quando Kaito alcançava níveis prodigiosos em seu estudo do violino, seu instrumento favorito na época.

Onde poderia encontrar abrigo? Onde poderia encontrar alívio para sua solidão? Onde poderia se sentir amado além dos limites do tempo e do espaço: no mundo físico, masculino e poderoso, onde seu corpo sentia a satisfação da tensão e precisão muscular, ou no mundo sensível, feminino e amoroso, onde seu corpo sentia a satisfação da calma, assombro sensual e imaginação?

Quando Kaito compartilhou comigo essa lembrança de infância, ele também descreveu sua sensação de ser extraordinariamente capaz de ajudar seus amigos em suas diversas atividades, mas não saber qual era sua real área de interesse. Ele se sentia exatamente como uma pequena linha, um traço que só tinha significado quando estava conectando os pontos, dando-lhe uma sensação de serenidade. Ele também descobriu recentemente que se sentia útil, como se fosse alguém, quando suas habilidades de conexão lhe permitiam conectar uma ideia artística a um empreendimento comercial. Ele finalmente percebeu que ser um *link* (conector) também poderia ser uma forma legítima e valiosa de estar no mundo.

A já mencionada tensão entre as questões "quem sou eu no fundo, quem sou realmente?" e "quem sou eu quando me comporto como a sociedade espera que eu me comporte?" está perfeitamente ilustrada no verso de um postal que fez parte de uma exposição multimídia do artista camaronês Barthélémy Togo. O artista perguntou "onde você se encaixa na sociedade americana?" a diferentes grupos de pessoas da comunidade onde a exposição foi realizada, e os membros da comunidade escreveram suas respostas em cartões postais que Toguo coletou e exibiu. A resposta de um jovem membro da Nação Shinnecock revela essa tensão fundamental que as crianças *links* experimentam: "[eu] me encaixo em todos os lugares até que digo a verdade. Depois, apenas com meus amigos e nos braços de outra garota que não se encaixa".

A questão da autenticidade, de conhecer e se comportar como o verdadeiro eu, em vez do "eu" que os outros esperam, é uma preocupação profunda para os *links*. Minha filha Paula experimentou essa preocupação como uma dor excruciante, dizendo-me por volta dos 12 anos: "quero ser meu puro, meu verdadeiro eu. Não quero me fantasia de mulher, mãe, profissional ou mesmo dançarina. Eu não quero ser apenas uma parte de mim porque as pessoas podem pensar que eu sou apenas um dos meus muitos eus diferentes, e isso seria uma mentira".

A natureza é o lugar no mundo onde os *links* sentem que não estão mentindo. Como seres humanos, são parte da natureza. E qual é a manifestação mais surpreendente da natureza que pode incluir todas as possibilidades de ser senão o céu ou o mar? No entanto, a vastidão do universo e da natureza também provoca angústia e desespero porque serve como um lembrete avassalador de que somos pequenos, insignificantes, mortais e sozinhos.

As pessoas *links* buscam se conectar com o universo – sem entender por que ou como – e com os outros por meio do contato com a natureza. É a forma como, por vezes, se acalma aquele desejo inexplicável e desconexo de integração, de estar vivo como um "eu" total, de encontrar a paz neste mundo vivido como demasiado "vasto e estranho".

4.1 Conectando os pontos e a empatia

Desde o nascimento, as crianças *links* demonstram uma capacidade de empatia muito acima do normal. Como já visto, "empatia global" refere-se à empatia que faz alguém sentir as emoções dos outros como se fossem suas, sem perceber que elas vêm de fora. "Empatia egocêntrica" refere-se à empatia que permite a alguém sentir as emoções dos outros sabendo que pertencem a um outro "eu", daí a referência ao "ego". "Empatia social" descreve a empatia que proporciona a distância necessária para compreender as emoções dos outros apenas do ponto de vista cognitivo.

Assim que vêm ao mundo, as pessoas *links* sentem as emoções daqueles ao seu redor de forma tão poderosa e interna que não percebem que podem ser uma consequência da contaminação por uma emoção alheia ou da desobediência às demandas não explicitadas pelos outros. Começam a desenvolver comportamentos que respondem às demandas emocionais dos outros. Elas se veem nos olhos de quem as olha e acreditam que se veem enquanto "sentem" as dúvidas, inseguranças, contradições e vulnerabilidades do ambiente que as recebe.

Esse é um ambiente repleto do que Leon Festinger (1957) chama de *dissonância cognitiva* – a tensão e a desarmonia que as pessoas sentem quando ideias e emoções incompatíveis coexistem dentro delas. Nos *links*, coexistem desde crianças não apenas as mensagens contraditórias que lhes são transmitidas pelas pessoas com quem compartilham a vida (os pais de Kaito, por exemplo, com suas diferentes ideias sobre qual caminho de vida ele deveria seguir), mas também as ideias contraditórias e as emoções que habitam cada uma dessas diferentes pessoas.

Mas, na maioria das vezes, não distinguem as diferentes emoções externas que perceberam quase que por osmose, nem como essas emoções externas lhes afetaram. Não "pensam" em suas "emoções". Quando crianças, as pessoas *links* carecem da capacidade reflexiva que lhes permitiria abraçar suas tormentas emocionais.

A extrema facilidade com que as crianças *links* conectam pontos emocionais não é algo que possam controlar ou evitar. Seu alto nível de empatia global, com efeito, força sobre elas e *dentro* delas – sua psique, todo o seu ser – as emoções dos outros, incluindo as contradições internas confusas e tortuosas dos outros. Enquanto o pai de uma criança *link* está experimentando angústia e desespero relacionados aos comportamentos desafiadores da criança, e impotência por não ser capaz de decifrar o que a criança precisa, a criança está experimentando uma tremenda confusão interna por não poder entender o que precisa para se acalmar. Essa dificuldade em entender a si mesmo persiste até a idade adulta, uma vez que, na infância, não aprenderam a regular suas reações emocionais intensas ao entrar em contato com as emoções dos outros.

Os *links* anseiam por paz interior, uma profunda necessidade de sentir que todos os diferentes impulsos, desejos, pensamentos e emoções que percorrem seus cérebros não estão em conflito uns com os outros. Acham impossível se comportar de maneira normal e convencional, ou seguir um caminho claro e organizado em busca de um "lar" onde se sintam confortáveis. Para complicar as coisas, as pessoas próximas e significativas em suas vidas emocionais nem sempre têm a paciência necessária para tentar (e digo "tentar" porque o resultado nem sempre é exitoso) ajudá-los a decifrar o que desejam comunicar.

2. Os *links* "por fora"

Para o bem ou para o mal, as pessoas *links* são diferentes de seus pares. Sua capacidade inata e tremenda de empatia global e seu impulso incontrolável de buscar o significado oculto das circunstâncias de sua vida, de ver conexões e observar detalhes que outros não veem, são habilidades tão esmagadoras que aparecem como condutas incompreensíveis para os outros e inexplicáveis para elas.

As pessoas *links* apresentam suas singularidades de maneiras tão surpreendentes que são vistas pelos outros como extremas, exageradas, estranhas, excessivamente complicadas ou atípicas. Também provocam reações de fascínio pela originalidade de suas propostas, que podem ser seguidas de rejeição, já que essas propostas geralmente são muito exigentes, muito complexas ou muito difíceis de serem compreendidas pelos outros. Enquanto as pessoas *links* não souberem como transmitir de forma lógica e inteligível suas ideias baseadas em intuições e fortes emoções, é provável que recebam mais rejeições, fundamentadas no medo que provocam nos outros, do que aprovações às riquezas que suas ideias poderiam oferecer se fossem traduzidas para uma linguagem compartilhada.

Para ter a paciência necessária para realizar essa tradução, os *links* precisam confiar que encontrarão o equilíbrio dentro de si mesmos e a integração das diferentes ideias e emoções que os levam por caminhos pouco convencionais. Essa paciência, essa compaixão por si mesmos, torna-se mais fácil quando alguém que valorizam concede legitimidade às ideias ainda desconhecidas e incompreensíveis que os *links* podem oferecer, se persistirem na tarefa de traduzir suas emoções sentidas em emoções (também) pensadas.

3. Os *links* "por dentro"

As crianças *links* nascem e são criadas em ambientes onde se veem expostas a demandas conflitantes de igual e primordial importância e igual valor emocional para elas. Essa dissonância cognitiva com a qual as crianças *links* crescem produz três tipos de sentimentos que caracterizam sua visão de mundo e que se estendem à vida adulta até que construam formas possíveis de articular suas contradições em paradoxos:

1. Medo 2 Devido às realidades que acompanham as mensagens em constante mudança que recebem, as crianças *links* muitas vezes sentem um medo esmagador. Graças à sua tremenda capacidade de detectar e ler sinais imperceptíveis para os outros, essas crianças registram esses sinais, mensagens e outros elementos "ocultos" de sua realidade, em geral sem entender seu verdadeiro significado. Isso as lança em confusão, dúvida e turbulência interior, cuja raiz é um medo inexprimível: o medo de não ter certeza de nada, de não confiar que sabe o que precisa saber, de estar errado sobre alguma coisa, de não entender do que se trata o mundo e de estar sozinho porque sente que não pode confiar em seus pais.

2. **Dificuldade em tomar decisões** – Para as crianças *links*, mensagens conflitantes carregam o mesmo peso emocional, e elas não podem distingui-las, estabelecer prioridades ou harmonizar as contradições dentro de si mesmas. Isso está relacionado à sua capacidade de perceber muitas coisas ao mesmo tempo — o caráter "periscópio" de sua mente mencionado anteriormente. Essa habilidade não indica a presença de Transtorno de Déficit de Atenção na criança, mas algo que chamo de Transtorno de Déficit de Decisão (TDD), o que faz com que as crianças *links* tenham muita dificuldade em editar seus desejos; isto é, deixar de lado ou abandonar seus interesses, mesmo que por pouco tempo. O exemplo de uma jovem *link* chamada Anita ilustra a condição do TDD. Quando confrontada um dia com a escolha entre assistir um filme sozinha em seu computador ou assistir um filme com seus avós visitantes, Anita sentiu tanta dúvida, confusão e ansiedade que começou a chorar, incapaz de decidir. Ela deveria ser uma boa neta e satisfazer os desejos dos avós, o que também lhe daria a satisfação de se sentir uma boa menina? Ou ela deveria ser boa consigo mesma e satisfazer seus próprios desejos? O que poderia ter sido um pouco desconfortável ou inteiramente sem problema para outra criança foi extremamente perturbador e angustiante para Anita.

3. **Culpa** — A culpa é uma constante na vida interior das crianças *links*. Elas se sentem culpadas por não conseguirem agradar ambos os pais ao mesmo tempo devido ao que percebem como demandas contraditórias deles. Não ser capaz de agradar ambos os pais simultaneamente as leva a sentir que são "menos que" ou "não são boas o suficiente", o que as faz se sentir culpadas por serem "más" ao invés de "boas". Na maioria das crianças *links*, a culpa se manifesta como birra ou explosões de raiva, o que causa um ciclo vicioso: as crianças se comportam mal porque se sentem culpadas, mas porque se comportam mal se sentem mais culpadas, o que faz com que continuem se comportando mal. Para se defenderem desse terrível sentimento de estar sempre em falta, de nunca serem tão boas quanto acreditam que seria uma criança realmente boa, precisam encontrar alguém além de si mesmas para culpar. Os pais tornam-se então alvos fáceis, criando um ciclo vicioso entre pais e filhos. Devido à sua grande capacidade de empatia, as crianças *links* vivem continuamente com uma culpa paranoide — o sentimento de que são culpadas pela dor e pelo sofrimento que veem ao seu redor,

mas que não causaram. Temem ser acusadas de serem más e de não serem capazes de se defender dessa acusação. Qualquer sugestão, correção ou repreensão dos pais – não importa quão benigna ou branda – chega às crianças *links* como uma acusação esmagadora, levando-as a atacá-los.

***

A subjetividade das pessoas *links não pode deixar de ser desafiadora*. Desde crianças essas pessoas duvidam. Duvidam de si mesmas e daqueles que as amam, apesar de seus comportamentos desafiantes e insolentes. Duvidam da vida. Duvidam do mundo. Devido às suas profundas dúvidas e falta de confiança naqueles ao seu redor, precisam desesperadamente ser acreditadas. Precisam que seus pensamentos, desejos e sentimentos sejam validados por outra pessoa. Porém, essa necessidade é invalidada porque elas também duvidam dos outros. Por isso, buscam constante e incansavelmente.

A necessidade e o desejo mais importante é encontrar um abraço no qual possam se soltar, que lhes permita deixar para trás o medo e a dúvida e se sentirem confortáveis, em casa, que lhes permita se sentirem seguros o suficiente para serem quem são.

Quando vão parar de duvidar? Quando poderão confiar? Quando, por compaixão pelo modo complexo de ser, puderem deixar de se culpar pelas dificuldades em se deixarem abraçar, tanto pelos outros como por si mesmos. Quando confiarem que merecem receber o tão esperado abraço preciso, que os aceite no lugar que mais lhes dói ser: (nada mais, nada menos que) um *link*.

Capítulo 5

A luta pelos limites

Os adultos *links* precisam aprender a se disciplinar. Precisam aprender a estabelecer limites, não para se aprisionarem, mas justamente para exercerem a liberdade sem o risco de causar danos a si mesmos e aos outros, sem o risco de serem excluídos dos lugares aos quais desejam pertencer, sem o medo de que essa aceitação de seus próprios limites signifique tornarem-se seres domesticados, enjaulados, castrados, restringidos.

Uma vez que, quando crianças, as pessoas *links* **não confiaram na maneira como seus pais tentaram cuidar delas (estabelecendo limites) porque os sentiam como inadequados e desnecessariamente rígidos, na vida adulta precisam descobrir como cuidar de si mesmos (ou seja, onde e como dizer "não")** respeitando suas necessidades de liberdade e, ao mesmo tempo, suas necessidades de pertencimento.

Teria sido uma criança desafiadora, quase um delinquente, tal como se sentiu julgada pelos outros? Teria sido um filho desobediente e desrespeitoso digno de ser expulso de casa? Embora possam ter se comportado dessa maneira quando crianças, em minhas décadas de experiência trabalhando com adultos que começaram a vida sentindo que não se encaixavam em suas famílias, comunidades e colegas, aprendi que as pessoas *links* são exatamente o oposto: são excessivamente obedientes e extremamente empáticas, preocupando-se em excesso com os sentimentos e as opiniões das pessoas importantes em suas vidas. Desde a infância e na idade adulta, ainda repleta de contradições, sentem-se esmagadoramente responsáveis por realizar ou gerenciar os desejos, as solicitações, os ensinamentos e os valores contraditórios aos quais estão expostas e incorporam como seus. A empatia global é uma bela qualidade que pode levar a resultados trágicos.

1. Por que é difícil estabelecer limites para crianças *links*?

Dado que os desafios enfrentados por pais e filhos relacionados ao comportamento de uma criança "difícil" não são culpa de ninguém, quero me concentrar o máximo possível na relação entre pais e filhos. As ações e reações (um problema do ovo e da galinha) entre pai e filho criam ciclos viciosos que resultam em todos se sentindo tristes, frustrados, desesperados e até furiosos. Se, como adultos, entendemos como esses ciclos viciosos empobrecedores se formaram na infância, poderemos evitar que se repitam no presente.

Pouco a pouco, a criança *link* assimila as formas conflitantes e contraditórias de apreciar pessoas, estilos de vida, valores, normas e formas constituintes da dinâmica familiar em que crescem. Assimilar tantos valores e pontos de vista contraditórios cria dúvidas constantes dentro da criança sobre a qual "sistema" aderir, que caminho deve seguir. A saída mais fácil é não ouvir as recomendações externas e seguir seus próprios impulsos, fiel a si mesma na árdua tarefa de descobrir qual é a sua "própria verdade".

Esse comportamento impulsivo, típico das crianças *links* e, infelizmente, dos adultos *links*, que confundem a necessária autorregulação com a submissão a limites impostos por outros, se deve a três fatores principais: uma curiosidade e uma fascinação profundas e contínuas pelo que é novo, um impulso camaleônico para imitar outros (com o subsequente contágio emocional) e uma determinação e uma autoconfiança como forma de sobrepor-se às dúvidas inerentes à multiplicidade de verdades que os constituem.

- *O fascínio pelo novo* estimula atividades no córtex cerebral e produz sentimentos de conexão e apego aos outros. Requer também o uso da imaginação, da linguagem, da criatividade e da empatia. Para as pessoas *links*, a beleza do mundo existe para ser desfrutada, abraçada e para que sejam abraçadas por ela. A emoção de superar o medo e solucionar os mistérios da vida desperta a curiosidade e o desejo de buscar experiências prazerosas, trazendo consigo a adrenalina inerente à aventura. Isso ocorre, porém, sem que a criança ou o adulto *link* tenham consciência dos perigos que uma paixão por aventuras espontâneas pode trazer sem uma preparação prévia cuidadosa. A necessidade de se sentir vivo e livre por meio da incursão pelo novo pode explicar o vício em "imaginar", vagar e buscar constantemente novas experiências em vez de mergulhar no aprendizado que cada uma dessas experiências traz.

- *Um impulso camaleônico e a capacidade de imitar as ações dos outros.* O resultado da empatia global extraordinária das pessoas *links* as faz pensar, quando são crianças, que já "sabem" como fazer o que veem os outros fazendo. Devido ao fato de incorporarem experiências de aprendizado quase diretamente em seus corpos por meio de suas experiências de observação, realmente "sentem" que podem fazer exatamente o que as pessoas que eles observam fazem. Não percebem que, por meio da empatia contagiosa, estão convencidos de que já sabem, de que possuem o conhecimento necessário para realizar as atividades que os atraem de forma segura. Mais uma vez, a profunda capacidade de empatia é uma habilidade extraordinária que pode ser arriscada se a pessoa decidir agir apenas com base em suas "intuições", sem implementá-las com cautela.

- *A determinação e a confiança* **são outras características importantes da personalidade** *link*. Desde os primeiros momentos de suas vidas, as crianças *links* sentem, em grande parte, que existem por si mesmas e, portanto, que estão sozinhas no mundo. Acreditam que existem mais como indivíduos do que como membros de uma família. Agem como se não precisassem de ninguém. Não apenas elas mesmas, mas também os outros membros da família e de seus grupos sociais as percebem como "diferentes". Para algumas pessoas que interagem com crianças *links*, isso significa diferente no bom sentido; para outras, significa diferente de uma maneira ruim ou perigosa. **Os** *links* **têm opiniões sobre tudo porque duvidam de tudo, especialmente de si mesmos.** Na maioria das vezes, podem aplicar suas ideias ao mundo exterior, inventando jogos interessantes ou empreendendo aventuras com finais bem-sucedidos. Esses bons resultados, então, de certa forma, aumentam sua certeza sobre "saber" – alimentam sua confiança – mas sem perceberem que estão longe de dominar a atividade que desejam realizar. Eles podem ter boas intuições, úteis em muitas situações da vida, mas em quase qualquer atividade ou decisão, intuições por si sós não são suficientes para produzir os melhores resultados. Ao mesmo tempo, dada a diversidade de opiniões que aprenderam a ter por meio do contágio empático, também a dúvida está presente desde o início quando começam a articular seus pensamentos. É justamente para silenciar essas dúvidas, que os fazem sentir tão inseguros, que exageram algumas de suas opiniões e as transformam em convicções inquestionáveis.

O medo de ficar sozinho, abandonado ou excluído do círculo de pessoas por quem querem ser aceitos é típico de uma pessoa *link*. Desde a infância, esse sentimento é produto do conflito interno entre sua necessidade de respeitar suas verdades, por mais "estranhas" que sejam, e, ao mesmo tempo, a necessidade de ser respeitado pelos outros sem ser condenado por ser diferente.

2. O círculo vicioso

O caso de Giorgio fornece outro exemplo dos sentimentos contraditórios, confusos e perturbadores que as crianças *links* experimentam em diferentes tipos de situações, e que as leva a se comportar de maneira que provoca conflito com seus pais. Giorgio é filho de pais divorciados, fala inglês e italiano, e vive parte do tempo com seu pai em Nova York e parte do tempo com sua mãe em Roma. Aos seis anos, Giorgio diz a seu pai, em um tom desafiador, enquanto se recusa a fazer algo que já havia concordado em fazer: "eu disse que não tenho medo de nada nem ninguém. Eu disse, não foi?". Seu pai responde com raiva, repreendendo-o. Giorgio responde lembrando-lhe que ele não havia cumprido sua promessa de não o repreender tão violentamente e lança um olhar de ódio a seu pai. Imediatamente depois, Giorgio diz (sobre si mesmo) que é um idiota estúpido que magoa as pessoas, que odeia sua vida – apesar de terem passado um dia excelente juntos, durante o qual seu pai lhe deu tudo o que queria –, e pede a seu pai que deite ao seu lado e durma com ele. Somente então, nos braços de seu pai, consegue se acalmar.

Em outra ocasião, durante um acampamento com amigos da família, Giorgio se retira para um canto com o violão enquanto canta esta música, que ele compõe enquanto seu pai o observa com atenção: "tenho um amigo e não tenho ninguém para me ajudar. Eu não tenho ninguém para me abraçar. Eu sou um garotinho que não sabe nada. Eu sei uma palavra, e essa palavra é meu nome. Meu nome é Billy. Eu não tenho ninguém que... me ajude com meu dever de matemática...".

Então, o que é? Não tenho medo de nada nem de ninguém, ou não tenho ninguém para me ajudar? Posso cuidar de mim mesmo ou preciso de um abraço?

A canção de Giorgio é complicada. Se realmente não confiasse em seu pai para ajudá-lo, não teria cantado a canção na sua frente. E se realmente não tivesse ninguém, não estaria pedindo ajuda com seu dever de matemática. Como, na hora, não havia dever de casa ou tarefa de matemática para o qual precisasse de ajuda, "matemática" pode ser interpretada como um substituto para qualquer coisa na vida com que uma criança normalmente precisa de ajuda, entendendo que uma criança *link* oscila constantemente entre dizer que pode cuidar de si mesma e que precisa desesperadamente ser cuidada. Na canção, Giorgio afirma que não sabe "nada", mas sabe o suficiente para saber que não sabe certas coisas, pelo menos expressas aqui como "matemática", e que pode precisar de ajuda com essas coisas. Mais importante, ele conhece "uma palavra, e essa palavra é meu nome". No entanto, ele enfraquece essa afirmação, dizendo que seu nome é Billy, quando na realidade seu nome é Giorgio. Podemos supor que, sem saber, está reconhecendo sua necessidade de ajuda para que possa entender se tem ou não alguém com quem possa contar para ajudá-lo. Tão importante quanto, está tentando entender se "tem" a si mesmo. Em outras palavras, ele está explorando nessa canção aparentemente simples, mas com camadas complexas, sua própria identidade e situação, perguntando o que ele tem e o que não tem, com quem ele pode ou não contar (incluindo ele mesmo), e quem ele é ou não é. Resumindo, é Giorgio ou é Billy?

As crianças *links* lutam com os seguintes conflitos e confusões internas:

- Sentem-se mais autônomas do que outras crianças da mesma idade, agindo como se fossem independentes e não precisassem de ajuda, e negando suas necessidades de cuidado e instrução.
- São ousadas e não avaliam o perigo ao negar a necessidade de proteção, mas têm pesadelos e medos irracionais que não sabem acalmar por si mesmas.
- Obedecem a uma das mensagens recebidas (de um dos pais, por exemplo), desobedecendo uma ou mais mensagens recebidas de outros, que são igualmente fortes e internalizadas quanto aquelas a qual obedecem.

Esses conflitos estão na raiz dos mal-entendidos mais graves entre essas crianças e seus pais. Crianças como Giorgio correm o risco de criar um círculo vicioso: ao não se entregarem completamente aos outros com total confiança, com fé suficiente para aceitar a orientação e o cuidado de suas famílias, agravam os sentimentos de impotência, rejeição e de não serem "bons o suficiente" nessas mesmas pessoas que estão tentando fazer um excelente trabalho como cuidadores em circunstâncias extremamente desafiadoras. Devido à relação pais-filho ser tão pessoal e íntima, é difícil para um pai não interpretar o comportamento da criança como uma agressão pessoal, uma acusação de inadequação e até uma traição de seus esforços para criar uma simbiose satisfatória e necessária com seu filho, que tem raízes na sinceridade e nas melhores intenções.

Mais concretamente, o círculo vicioso pode ser visto da seguinte forma: a criança precisa desesperadamente ser abraçada (metaforicamente), mas teme que, ao aceitar esse abraço, se sinta aprisionada, incapaz de ser ela mesma e como se estivesse "cedendo", então recusa-se a se entregar. Mascara seu medo agindo como se não o precisasse de seus pais ou pedindo de forma incorreta (por meio de comportamentos rebeldes, acessos de raiva etc.). Os pais tentam abraçá-la, mas, devido ao comportamento da criança, se sentem rejeitados, o que pode fazer com que se irritem e não deem o abraço que a criança precisa. No final, a criança confirma para si mesma que seus pais são incapazes de dá-lo, não querem dá-lo e não sabem como dá-lo, apesar de ter sido seu próprio comportamento que os afastou.

Na idade adulta, é muito comum que as pessoas *links* não percebam que as rejeições que recebem de outras pessoas são devido a seus comportamentos agressivos, autoritários e desqualificadores, dos quais não apenas não estão cientes, mas que acreditam que são justificados por se sentirem agredidos, submetidos ou desqualificados pelos outros.

Os pais de crianças como Giorgio geralmente acreditam que o que devem tentar corrigir ou controlar é a reação rebelde, negativa ou desafiadora, sem compreender que esse comportamento mascara o alto nível de medo e a necessidade desesperada de um abraço que essas crianças sentem em um nível profundo. Grande parte da dificuldade do círculo vicioso reside no fato de que as crianças não estão cientes dessa necessidade, e seu ceticismo e cautela as impedem de confiar naqueles que mais desejam atender às suas necessidades e cuidar delas da melhor maneira possível. No entanto, uma vez que também desejam e precisam acreditar que *podem* confiar nos outros e que suas necessidades *podem* ser atendidas, carregam dentro de si um desejo eterno pelo *abraço preciso* que os fará sentir que estão obtendo o que precisam. A desvantagem desse anseio é que pode fazê-los confiar ingenuamente em pessoas que não são seus pais ou principais cuidadores e que podem não ter as melhores intenções. Isso, por sua vez, causa grande desespero nos pais, que não sabem como se tornar dignos dessa "entrega", dessa confiança que a criança concede àqueles que, muitas vezes, não a merecem e que, sem dúvida, não a amam nem se importam com ela da mesma forma que os pais.

As crianças *links* nascem livres, espontâneas, curiosas e ativas. Observam e absorvem tudo. No entanto, não é fácil para elas criar um mapa linear e claro para quando querem – e sentem que devem – obedecer simultaneamente a todos os ensinamentos que internalizam e seguir rigorosamente todas as instruções contraditórias que recebem, seja na forma de sugestões e propostas, ou de ordens e demandas dos adultos responsáveis por criá-las e cuidar delas. Devido ao seu alto nível de empatia, não sabem se o que estão pensando ou sentindo é seu próprio sentimento ou o de outra pessoa. Amplificam o sentimento ou pensamento que é contrário à autoridade e decidem que esse é o caminho a seguir para serem plenamente elas mesmas. O conflito entre si e o outro, a ausência de limites, a confusão entre seus próprios sentimentos e os dos outros, bem como a tendência a serem facilmente influenciadas e a duvidar de seus próprios critérios de tomada de decisão são desafios que parecem tão esmagadores que eles escolhem o caminho da confrontação agressiva. Acreditam que estão defendendo sua própria verdade ao se oporem completamente à ideia do outro, sem perceber que é nessa interação com o outro que sua própria ideia se desenvolve.

Esse é precisamente o problema das crianças *links*: reconhecem e condenam as incongruências, as contradições, as promessas não cumpridas, os projetos frustrados e os sentimentos de insatisfação que os pais têm em suas próprias vidas, tanto como indivíduos quanto como casal. No entanto, essa condenação vem de uma criança que ainda não sabe quem é, que ainda não sabe qual "eu" é o seu verdadeiro eu, pois é produto de múltiplas circunstâncias complexas e heterogêneas, ao contrário de pessoas criadas em ambientes homogêneos que foram expostas a ensinamentos e valores que não estavam em conflito entre si. E embora as crianças *links* "saibam" identificar o que seus pais não sabem ou não sabem bem, sendo crianças, ainda não sabem como lidar (bem) com a vida.

Como adultos, as pessoas *links* têm dificuldade em confiar que os outros possam ajudá-las a entender a si mesmas e a ajudá-las a se fazer entender. A tendência a pensar que os outros (como seus pais na infância) negam suas verdades e tentam impor outras dificulta o processo de aprendizado e superação pessoal.

3. Como as crianças *links* se defendem?

A profunda angústia que as crianças *links* sentem, devido à constante batalha interna entre as muitas influências contraditórias que as condicionam, se não as leva à luta e à confrontação agressiva para se libertarem da confusão, pode levá-las a se isolar em busca de um pouco de calma. Frases como: "não quero falar agora" ou "preciso ficar sozinho", ou simplesmente a expressão no rosto de uma criança desconectada, cobrindo os ouvidos, correndo para se esconder em seu quarto ou desaparecendo em um armário são características desse desejo de se separar dos outros para se entenderem a si mesmas.

O tempo de isolamento autoimposto surge de uma necessidade profunda e urgente de silenciar as vozes dos outros dentro de si mesmo, muitas vezes experimentadas como torturantes devido ao turbilhão de dúvidas que as invade. No entanto, o tempo de isolamento não é, inicialmente, um lugar de paz. Muitas vezes, esse espaço de silêncio externo é povoado por um ruído interno, por um processo constante de pensamentos ruminantes, circulares, ineficazes e exaustivos: "O que eu deveria ter feito?", "Por que não consigo fazer o que quero?", "O que eu quero?", "Como faço para saber o que eu quero?".

Esse isolamento não alivia suas preocupações, pois a tortura aumenta a partir das vozes múltiplas dentro deles, com seus múltiplos desejos, necessidades, motivações, anseios, medos e esperanças que nunca se organizam em um sistema de pensamento que seja compreensível, coerente e fácil de comunicar aos outros. Portanto, embora o tempo de isolamento autoimposto seja uma forma de refúgio necessária, nem sempre é um local de paz, a menos que se tenha as ferramentas para se acalmar e permitir que o incessante questionamento e a dúvida se dissipem. No entanto, esse espaço de solidão é preferível a ser submetido ao escrutínio, à repreensão, ao julgamento e àsopiniões divergentes dos outros, que os *links* internalizam como sendo deles mesmos.

Os limites às necessidades de total liberdade e de total pertencimento – e o recorte do que são os desejos imperiosos que surgem tanto de uma como da outra, para criar um espaço que permita o diálogo entre as diferentes necessidades – são fundamentais para chegar ao tempo e ao espaço onde os diferentes "eus" possam se integrar harmoniosamente em um "eu" que contenha os elementos essenciais de seus "eus" fundamentais na construção de sua identidade. Esse tempo e esse espaço onde existem como indivíduos únicos e autônomos e, ao mesmo tempo, como membros de sua família, comunidade e espécie.

As crianças *links* não sabem que esse tempo e esse espaço elusivos que procuram estão dentro delas. Elas não sabem que as contradições e as múltiplas perspectivas que estão constantemente absorvendo dos outros, além de suas próprias emoções internas conflitantes, são a matéria-prima que enriquecerá suas vidas e permitirá que sejam seu eu mais autêntico. Elas não sabem que a solução está em aprender a estabelecer seus próprios limites para serem, precisamente, os *links* (conectores) que estão destinados a ser.

No caso dos adultos *links*, a obstinação em defender uma ideia ou ponto de vista que, em determinado momento, consideram a verdade absoluta, a pedra filosofal, a diferença que os faz sentirem-se geniais, os expõe ao risco de cometer erros e se tornarem motivo de piada ou parecerem obtusos intransigentes que não sabem ouvir a opinião dos outros.

Esse é também um mecanismo de defesa: para silenciar as dúvidas, o medo de errar novamente, o conhecimento de que não possuem todas as informações para justificar objetivamente uma intuição, por mais poderosa que seja, exageram suas certezas até transformá-las em verdades despóticas. Mas o perigo mais sério é que são verdades parciais transformadas em afirmações categóricas. Exageram essa autoconfiança até transformá-la em uma crença convicta que não lhes permite parar para verificar suas intuições e tomarem decisões com cautela.

Cada um dos *links* consegue, após o processo de mutação, confiar em suas interpretações da realidade sem ingenuidade ou desconfiança. Sem necessidade de idealizar ou desqualificar para superar o medo de não saber.

Capítulo 6

Desobedecer é obedecer

A complexa composição da desobediência de uma criança *link* produz confusão, frustração e até raiva tanto nos pais quanto nos filhos. Como vimos, na sua forma mais benigna, as crianças *links* podem esconder-se ou sair correndo da sala para não se sentirem bombardeadas pelas palavras e emoções dos outros; e, no seu estado mais desesperado e terrível, podem ter acessos de raiva, lançar acusações ou comportar-se mal de outras maneiras. Enquanto isso, os pais dos filhos *links*, que os amam e estão tentando ser bons pais, não conseguem entender por que seus filhos se comportam continuamente de maneira tão desafiadora e imprevisível.

Devido à sua capacidade empática, as pessoas *links* sabem, desde muito cedo, que seus pais são boas pessoas e que desejam o melhor para elas. Supondo que não estão sendo criadas em um ambiente doméstico violento, não correm o risco de se tornarem pessoas desonestas ou manipuladoras, graças à sua capacidade de sentir culpa e arrependimento. No entanto, devido à sua tremenda e assustadora capacidade de "saber" o que os outros estão sentindo, mesmo antes de essas pessoas perceberem suas próprias emoções, podem detectar a dor, o ressentimento, a insatisfação, a inveja, a raiva e a rivalidade que residem no mundo interior e privado de cada pai e/ou entre os pais. Percebem também, e sentem, a fragilidade, a vulnerabilidade e as dúvidas de seus pais. Por fim, e talvez o mais importante, as crianças *links* leem e internalizam os valores, as metas, a visão de mundo e a cultura de cada pai, que, devido a conflitos entre si, criam uma educação caracterizada por mensagens contraditórias que os *links* internalizam como próprias e com as quais precisam lidar constantemente. As crianças *links* incorporam a contradição de seus pais e não conseguem se comprometer com nenhum deles por duas razões principais: 1) para não sentir que estão abandonando uma verdade, o que implicaria correr o risco de se tornarem prisioneiros de uma única identidade que pode não ser a correta, e 2) para não sentir que estão traindo um deles se escolher a verdade do outro.

As crianças *links* desobedecem porque são excessivamente obedientes. Esse paradoxo é precisamente o que confunde tanto os pais das crianças *links* quanto as próprias crianças. Em seus comportamentos erráticos, mutáveis, contraditórios, incompreensíveis, desafiadores e, sim, também amorosos, essas crianças demonstram a sua lealdade às mensagens contraditórias a que são expostas.

Esse paradoxo resulta de duas das quatro variáveis-chave que nos ajudam a compreender como se cria a complexa e difícil relação entre pais e filhos *links*: 1) as crianças nascem dotadas de empatia global, e 2) as mensagens (emoções, valores, necessidades) que os filhos recebem e internalizam dos pais são muito diferentes e, na maioria das vezes, contraditórias. Nem todas as crianças nascidas com o dom da empatia global, nem todas as crianças cujos pais têm ideias conflitantes apresentam os traços de personalidade *link*. É a combinação de ambas as condições que causa esse estilo particular de interação de círculo vicioso entre as crianças *links* e seus pais.

Embora as crianças *links* se comportem de maneira difícil, inadequada e exasperante para os pais e outras pessoas ao seu redor, na realidade, são excessivamente obedientes, empáticas e sensíveis. Isso lhes causa uma sensação de angústia difícil de colocar em palavras. Elas sofrem por várias razões: 1) porque estão sentindo as emoções de sofrimento e angústia dos outros; 2) porque não sabem que estão sentindo as emoções dos outros, já que não conseguem distinguir quais emoções lhes pertencem e quais pertencem a outros, e 3) porque os outros as percebem como desobedientes ou "más", embora o que sintam por dentro seja uma profunda tristeza resultante da confusão e da sensação de terem decepcionado os outros e não terem agido como deveriam. As crianças *links* tentam se livrar dos sentimentos de tristeza ou raiva que, de maneira contínua e inexplicável para elas, as invadem devido à profunda conexão que têm com as pessoas ao seu redor, especialmente aquelas que amam, precisam, admiram e respeitam.

É útil pensar que as emoções da criança são sentidas como um excesso de ar que precisam liberar. Às vezes, a criança libera o "ar" (com gritos e explosões verbais incontroláveis) enquanto lida com a confusão interna que a invade. A mãe de Ruth, uma menina *link*, me perguntou por que sua filha estava tendo problemas para dormir: "há várias noites, ela suspira e suspira, mostrando uma angústia profunda, como uma angústia que interrompe sua respiração, mas ela não consegue me dizer o que está se passando dentro dela". Lembrei-me da minha própria mãe, quando eu era adolescente, levantando meus braços para me ajudar a respirar. Também lembrei de estar em uma aula particular de yoga, quando adulta, e sentir como se estivesse sufocando porque não conseguia inspirar ar suficiente nos meus pulmões. Quando, desesperada, pedi ao instrutor que me ajudasse a aliviar essa sensação, ele respondeu sarcástico: "você não vai sufocar, não vai morrer porque sente que não consegue respirar". Isso me irritou, mas percebi naquele momento que a solução não era "pegar" mais ar, mas "soltar" o ar (raiva reprimida) que eu não sabia como liberar. Essa expulsão vigorosa de ar me permitiu desbloquear e aliviar a raiva que me invadia, proporcionando alívio emocional.

Muitas vezes, a única maneira que as crianças *links* têm de liberar o excesso de ar que sentem dentro de si, resultado das profundas emoções "negativas" como tristeza, raiva, frustração e medo, é por meio de gritos, raiva, birras e discursos apaixonados sobre a injustiça. Embora disfarçados e difíceis de decifrar, são formas de expressar seus sentimentos de angústia, incompreensíveis até mesmo para elas. Como Kara, uma criança *link*, me disse: "Eu sinto demais. O que posso fazer para não sofrer? Como posso me tornar menos sensível?". Minha resposta foi: "Bem, você se esforça muito para afastar todos de você… com sua raiva e suas constantes reclamações, você está tentando sofrer menos. Está funcionando?". Sua resposta me surpreendeu: "A raiva é ruim, mas a tristeza é pior".

Assim, as crianças *links* não podem evitar serem desobedientes. Não desobedecem porque querem ou simplesmente para serem rebeldes, mas porque constroem suas identidades unindo seus sentimentos, pensamentos, comportamentos, dúvidas, sistemas de crenças e fé com todas as contradições que absorvem como resultado de suas habilidades de empatia global.

O que torna essas crianças difíceis de cuidar e acompanhar em seu desenvolvimento? Suas contradições. Essas contradições começam do lado de fora e imediatamente se tornam parte de suas maneiras de sentir, pensar e agir. Elas não sabem quem são, o que querem, do que precisam dos adultos, quando e por que confiar e aceitar, e quando e por que desconfiar e rejeitar. São as crianças mais generosas e carinhosas, e, ao mesmo tempo, as que se sentem menos afetuosas quando reagem com rebeldia ao que percebem como uma violação de sua liberdade. São as mais independentes e aventureiras, e, ao mesmo tempo, as mais dependentes emocionalmente e as mais temerosas, embora esse medo possa se manifestar na forma de brigas ou birras. São crianças que compreendem profundamente os outros, mas são severas e cruéis em como julgam e condenam as contradições e incongruências que percebem, tanto em si mesmas quanto nos outros.

Talvez a situação mais dramática que encontrei profissionalmente seja a tremenda e desesperada indecisão de Michelle, uma mulher que se sente má e culpada quando "ganha" e se sente boa, mas com raiva, quando "perde". Ela cresceu admirando a força, o poder econômico e a capacidade de seu avô de levar as pessoas a fazerem o que ele queria e, ao mesmo tempo, admirando a bondade, a sensibilidade emocional e a capacidade de seu pai de fazer todos ao seu redor se sentirem bem. Mas essas qualidades eram contraditórias e, devido ao fato de Michelle ser tão dotada de empatia global, marcaram sua maneira de agir na vida como uma infinita soma de conflitos insolúveis: ou ela agia como forte e se sentia mal e com culpa, ou era boa e se sentia fraca e com raiva.

Ao mesmo tempo em que acreditava que todas as pessoas são potencialmente perigosas e que precisava ser "má", porque as pessoas más são aquelas que controlam o mundo e sabem se cuidar, ela sofria porque essa forma de pensar a fazia sentir que não havia lugar no mundo para pessoas boas. Não havia lugar no mundo para o seu próprio "eu" generoso, carinhoso, sensível e solidário, parte essencial de sua personalidade. Ela passava da raiva à culpa, depois da culpa à dor, depois da dor à raiva, da raiva ao sucesso e do sucesso à culpa, repetindo o círculo vicioso que aprendeu na infância e com o qual se identificou.

1. Os pais das pessoas *links*

Como no caso de Michelle, as relações e dinâmicas familiares contraditórias e confusas e os papéis opostos dos principais membros da família, que remontam a duas gerações ou mais, não só têm um impacto sobre as crianças *links*, mas também são *ingredientes essenciais* na formação dessas crianças. Algumas pessoas buscam parceiros de vida com valores, culturas, idiomas e interesses semelhantes. Outros, incluindo os pais das crianças *links*, buscam a diferença e a complementaridade. Pessoas que estão em relacionamentos comprometidos ou casamentos baseados no prazer da diferença e na busca de realização por meio da complementaridade no casal também são pessoas que gostam de estar expostas a mudanças constantes. Escolhem profissões que envolvem viagens, mudanças de residência e interação com diferentes culturas. O prazer que experimentam vem de descrever, vivenciar e aprimorar sua enorme capacidade de adaptação, flexibilidade e habilidade em aprender rapidamente as novas regras do jogo, sabendo se comportar como "locais". No entanto, após o período de lua de mel em um novo local, novo emprego ou nova relação, o que é diferente em relação ao conhecido, familiar e habitual passa a ter sua própria relevância e se manifesta como inconvenientes inesperados, indesejáveis e incontroláveis.

Assim começa o período de raiva, tristeza, arrependimento e acusações: "isso não é o que pensei que seria" ou "não foi isso que me foi prometido" ou "quero voltar para casa".

Os pais de crianças *links* se escolhem porque são diferentes entre si e porque são atraídos pelo mistério, pela novidade, pela criatividade, pelo exotismo e uma forma de vida aparentemente desejável. Buscam a complementaridade, a riqueza da diversidade, a excitação do estrangeiro e do desconhecido, e novas possibilidades. O problema começa quando surgem as controvérsias, quando as diferenças deixam de ser enriquecedoras e passam a ser irritantes, quando a diversidade causa confusão em vez de ajudar a desvendar os mistérios da vida e quando os valores alternativos se tornam conflitantes e ameaçadores para a singularidade de cada membro do casal.

Crianças nascidas desse tipo de casal crescem recebendo cada uma dessas mensagens diversas e contraditórias de seus pais. Essas mensagens contêm tanta informação que seus cérebros, ainda em desenvolvimento, têm dificuldade em organizá-las de forma coerente. Para complicar ainda mais a recepção das mensagens, elas também são entregues de maneira contraditória: "não preste atenção em seu pai porque ele está muito desconectado" junto com "não acredite em nada do que sua mãe diz porque ela assiste a muitos *reality shows*". Ou "você deve ir à missa todos os domingos" ao mesmo tempo que "a espiritualidade pode ser praticada em particular, em casa". Ou "tenha boas maneiras e não coloque os dedos na boca" junto com "não importa como você come. Cada cultura tem uma maneira diferente de comer".

Com o tempo, a irritação do casal devido aos mal-entendidos ocupa mais espaço do que a alegria de seu relacionamento harmonioso anterior. A constante necessidade de explicar, justificar, acusar e pedir desculpas resulta em mais agressões, brigas, negociações, mau humor e ressentimentos, que geralmente explodem nos momentos e lugares errados. A experiência da vida como sofrimento é então transmitida para a criança *link*, para os pais e frequentemente para os outros filhos da família. No entanto, apenas as crianças *links* incorporam tanta informação emocional e intelectual. Somente as crianças *links* são esponjas porosas, organismos sem pele que estendem todos os seus pequenos dendritos, braços, olhares e desejos a esses pais que inicialmente adoram e depois desqualificam. Embora amem seus pais, também os rejeitam porque sentem (mesmo que não possam articular conscientemente esse sentimento) que não podem confiar em nada do que dizem: se há tantas verdades, nenhuma é a verdade verdadeira. Isso ocorre porque as ideias, ensinamentos e as expectativas que os pais transmitem aos filhos surgem de um lugar de conflito e confusão entre eles. Para complicar ainda mais as coisas, as crianças *links* internalizam o conflito que seus pais têm entre si, criando mais confusão e dúvida sobre suas próprias verdades. Além disso, as crianças *links* internalizam os pontos de vista contraditórios de seus pais, causando angústia a essas almas porosas e empáticas que estão apenas tentando encontrar um lugar onde possam se sentir em paz.

2. A conexão dos *links* com seus pais

Um dos exercícios mais interessantes que apresentei aos meus pacientes *links* adultos foi pedir que imaginassem o que teriam sentido seus pais quando os conceberam. As respostas (diferentemente daqueles pacientes que não tinham origens nas faíscas das chamas opostas) geralmente revelaram uma narrativa de duas faces: um encontro apaixonado e emocional que, ao mesmo tempo, representou uma desconexão intelectual significativa devido ao amor pela própria verdade que as pessoas que têm pontos de vista opostos defendem.

O que sempre me chamou a atenção nesses pacientes foi a forte presença do vínculo emocional que mantinham com seus pais, ou seja, a importância que suas famílias de origem tinham no dia a dia, não necessariamente pelo grau de satisfação ou bem-estar que essa presença lhes dava. Mesmo em pessoas que eram completamente independentes economicamente, viviam a uma distância geográfica considerável e tinham decidido romper laços com sua família, o debate interno com essas figuras persistiu: "Sei que não está de acordo comigo"; "Eu deveria ter escutado você"; "Felizmente eu não te escutei"; "Eu não me importo com o que você pensa"; "Por que eu deveria me importar com a sua opinião?"; "Não se meta na minha vida"; "Por que me deixou sozinho?". Esses são os diálogos internos que estão constantemente martelando nas mentes dos adultos *links*.

Por que essa influência parental persiste? As respostas para isso também foram consistentes: "As intenções deles eram boas"; "Eles não poderiam ter feito diferente"; "Eles não conheciam outra maneira"; "Eles também sofreram muito na infância"; "Tenho certeza de que me amavam muito"; "Foi muito difícil"; "Sempre me comportei muito bem até que explodia quando sentia que tinham sido injustos comigo".

Dentro desse emaranhado, encontramos um dos fios fundamentais da personalidade *link*. São crianças obedientes, tanto por sua paixão por sua própria verdade quanto pela atração que sentem pelo que é diferente, misterioso e único. Também têm um profundo senso de lealdade para com aqueles que tentaram cuidar delas. No entanto, devido à sua obediência, estão constantemente lidando com um conflito de lealdades relacionado à confiança. Isso cria outra contradição: como confiam parcialmente em ambos os pais, não podem confiar plenamente em nenhum dos dois. E, como vimos, se obedecem a uma ordem, desobedecem a outra. Essa situação as leva a se perguntarem continuamente: "Com quem eu me pareço mais?"; "Quem eu quero me tornar?"; "Como saio deste impasse e descubro quem sou?".

Capítulo 7

Mapas pessoais e pensamento indiciário

A necessidade de encontrar respostas para as perguntas "Quem sou eu? Qual é a verdade verdadeira? Qual é o sentido da vida? Onde é 'casa'?" leva as pessoas *links* a uma busca constante por novas experiências. Essa busca também as coloca em situações de risco, pois se movem sem mapas, sem direções, sem objetivos claros de "chegada".

Essas pessoas têm grande dificuldade em se fazerem compreender, pois não compreendem a si mesmas. Não conseguem explicar-se, muito menos explicar o que procuram, o que anseiam, o que os preocupa ou o que precisam para se acalmarem ou sentirem-se em paz.

É importante saber que só procuram essas respostas em territórios onde não seguem os caminhos traçados nos mapas familiares. Em aspectos de suas vidas em que aceitaram e continuam aceitando o pertencimento original, não surge a necessidade de descobrir o que intuem que buscam, mas não conseguem definir. Algumas pessoas *links* não questionam sua afiliação religiosa, outras não questionam seu destino profissional, outras, até mesmo, não questionam as escolhas afetivas que aprenderam com seus pais. É somente nas áreas em que suas preocupações individuais não coincidem com as respostas familiares e sociais preestabelecidas que elas partem, sem mapas, em busca do idealizado desconhecido. Não sabem como nem por que, mas os *links* estão convencidos de que em algum lugar existe um espaço de paz onde o que são se encaixará com o que os outros acreditam que devem ser. É o espaço onde não existe uma ruptura entre o ser para mim e o ser para os outros. É o espaço onde o ser que desejo ser coincide com o ser que os outros desejam que eu seja.

No entanto, essa busca, sendo individual, original e singular, não é traçada em mapas convencionais, e não existem cartografias disponíveis para orientação.

Uma estratégia empregada pelas crianças *links* (e que muitas vezes continua na idade adulta) para lidar com esse sentimento de serem incompreendidas – e, portanto, frequentemente marginalizadas ou rejeitadas por seus pares – é comportar-se de maneira rebelde e desafiadora, opondo-se a qualquer conselho dos outros. Elas se comportam dessa maneira precisamente porque se sentem inseguras, sozinhas e assustadas, ou seja, muito frágeis para incorporar as opiniões alheias sem se sentirem em perigo de desaparecer. Os *links* têm tanto medo de acabar fazendo o que outra pessoa quer que nem conseguem fazer o que gostariam e poderiam fazer. Para evitar esse problema, só precisam não mascarar suas próprias dúvidas com uma raiva exagerada contra as certezas alheias.

Por que as pessoas *links* reagem com tamanho desafio adotando uma postura de oposição (mesmo sob seu próprio risco), em vez de considerar as propostas de outras pessoas? Por que têm tanto medo de fazer o que os outros querem que façam? As pessoas *links* temem que, se não forem "para" si mesmas, ou seja, se não perseguirem o que desejam e não defenderem suas opiniões ou ações a qualquer custo, ninguém será "para" elas. Elas se perguntam quem cuidará delas e as defenderá se se aventurarem em territórios alheios. Ao mesmo tempo, compreendem, mesmo que não estejam conscientes dessa informação, que se forem *apenas* para si mesmas, correm o risco de não existirem para os outros. Perguntam-se: "O que isso me torna?". Essa desconexão entre como se sentem internamente e como acreditam que são percebidas pelos outros se manifesta de formas específicas nos quatro modelos ou estratégias de sobrevivência possíveis com os quais tentam resolver a dissonância entre existir para si e existir para os outros.

As pessoas *links* precisam de ajuda externa para distinguir em que são autenticamente boas para os outros e, consequentemente, para si mesmas, e em que, mesmo que não seja intencional, podem causar danos a si mesmas ao prejudicar os outros. A perspectiva do outro, para o bem e para o mal, é fundamental. Embora possa parecer que os *links* são tão "eles mesmos" que não precisam de validação, sentir-se aprovado ou rejeitado em suas maneiras de ser os autoriza ou invalida a ponto de permitir ou impedir que continuem com seus projetos pessoais.

Para os *links*, é especialmente importante sentir que as ações necessárias na busca de entender quem são, por que são como são e para que são como são, não são más por serem incomuns. Precisam saber que não serão excluídos e punidos pelas escolhas que fazem na busca por esse lugar, essa "casa" onde podem encontrar paz; onde podem se sentir compreendidos pelos outros e por si mesmos; onde podem se sentir amados porque são dignos de amor; onde podem amar os outros sem medo e amar a si mesmos sem culpa. Esse é um lugar onde podem dar o melhor de si, serem vistos como bons e se sentirem bons, em vez de maus, como sempre se sentiram, devido às suas ações e ideias. Em resumo, esse local e momento em que podem existir para si mesmos e para os outros ao mesmo tempo, onde pertencimento e liberdade se combinam em paradoxos criativos e não em contradições dilacerantes.

Quando os outros questionam a certeza exagerada com a qual as pessoas *links* tentam se convencer de que não estão erradas, a angústia que as invade torna-se insuportável. A dúvida externa as remete às dúvidas internas com as quais conviveram desde muito jovens, provocadas por uma consciência precoce das condições de finitude, morte, singularidade e futilidade (na terminologia de Gordon Neufeld) que marcam a vida humana. Infelizmente, as crianças e muitos adultos *links* "sentem", mas não entendem o que estão sentindo. Na busca por entender o que estão sentindo, percebem detalhes que outras pessoas menos contraditórias não registram ou consideram triviais, absurdos ou estranhos. As pessoas *links* conectam elementos que pertencem a universos completamente diferentes e muitas vezes não sabem se o que pensam é apenas fruto de sua imaginação ou se é uma observação sobre algo desconhecido tão relevante que poderia mudar o mundo. Essa incerteza também se estende à dúvida sobre se as conclusões que tiram dessas sutis observações são percepções reais ou produtos de sua fantasia delirante, como os outros lhes dizem. Muitas vezes, as pessoas *links* não conseguem distinguir se é o primeiro ou o segundo. Também não conseguem explicar como chegam às suas conclusões.

A teoria do pensamento indiciário de Carlo Ginzburg (1989) pode ajudar a compreender como as pessoas *links* chegam a conclusões. O pensamento indiciário baseia-se em adivinhar o significado dos fatos reunindo informações coletadas por meio da leitura de sinais. Ginzburg afirma que podemos perceber e compreender a realidade não apenas por meio da visão, mas também dos sentidos do olfato, da audição, do tato e do paladar, bem como do sentido cinestésico. Essa forma de perceber a realidade nos direciona para o que é menos óbvio. Podemos aprender a reconhecer os menores sinais, assim como o caçador aprendeu a "reconstruir as formas e movimentos de sua presa invisível a partir de pegadas no chão, galhos quebrados, fezes, tufos de pelo, penas emaranhadas e odores estagnados. Aprendeu a farejar, registrar, interpretar e classificar sinais tão minúsculos quanto vestígios de saliva. Aprendeu a realizar operações mentais complexas à velocidade da luz, nas profundezas de uma floresta ou em um campo com seus perigos ocultos" (Ginzburg, 1989, p.102).

Os médicos usam essa metodologia ao interpretar os menores sinais no olfato, na cor, na postura ou em qualquer aspecto de um paciente para tentar determinar que tipo de doença ele possui. Advogados, detetives e jornalistas também empregam esse tipo de pensamento para tentar resolver um crime reunindo pistas a fim de desenvolver uma ideia plausível sobre quem o cometeu, como, onde, quando etc.

Podemos confiar no pensamento indiciário como uma forma de pensar quando, e somente quando, acumulamos informações suficientes por meio de múltiplas experiências individuais, o que nos permite criar um padrão ou padrões a partir do tópico ou campo em que essas experiências se acumulam. Essa forma de perceber o mundo consiste em estabelecer uma experiência existencial, uma espécie de convergência em um único ponto em que aquele que está mostrando o objeto capta a atenção do sujeito que o está observando, estabelecendo assim uma conexão. Todos nós temos a oportunidade de usar o pensamento indiciário em nossas vidas, embora pessoas em áreas como medicina, investigação policial e jornalismo investigativo dependam disso fortemente em seu trabalho para organizar o que observam em um padrão geral, criando um sistema que lhes permite compreender uma realidade particular.

No entanto, os *links*, desde o início da infância – antes mesmo da linguagem, antes de adquirir uma compreensão conceitual daquilo a que estão expostos – desenvolvem uma espécie de hábito de saber sem pensar, de aprender sem estudar, de apreender qualquer situação sem prestar atenção aos detalhes ou "pistas" da situação. Por exemplo, podem se envolver em uma atividade, como um novo esporte, pensando que entendem do assunto, porque veem outras crianças correndo pelo campo e acreditam que também sabem como praticar o esporte, porque sabem correr rápido. Portanto, intuem que conhecem o esporte com base nos sinais que veem, mas sua leitura das pistas ou sinais é falha porque não estão prestando atenção a outros sinais cruciais, como a maneira como alguns jogadores correm em uma direção específica e outros correm em outra; ou que todos os jogadores em campo têm relacionamentos estratégicos e específicos entre si; ou que existe um objetivo além de correr rápido.

As pessoas *links* podem falhar no uso do pensamento indiciário porque geralmente não verificam suas conclusões, baseadas unicamente nas "sensações" que os mínimos detalhes lhes causam, detalhes tão sutis que são imperceptíveis para a maioria das pessoas. Podem falhar se não acumularem informações necessárias para determinar quando devem ou não seguir um sinal. Existe o risco de usarem o pensamento indiciário para tomar decisões, porque "sentem" que "sabem" o que fazer e se convencem de que não estão apenas fazendo o que desejam ou podem fazer, mas o que deve ser feito.

O uso do pensamento indiciário como uma metodologia para compreender a vida se torna complicado para as pessoas *links* porque elas também coletam informações por meio da empatia global, uma habilidade extraordinária para notar e interpretar as emoções dos outros como se fossem suas próprias. Como essa forma de processar a realidade é muito intuitiva e rápida, em vez de sistemática e lenta, as pessoas *links* acham difícil dedicar o tempo que é necessário para compreender completamente um jogo, uma tarefa, uma missão ou uma situação social. A capacidade de usar o pensamento indiciário de maneira eficaz é a habilidade que, uma vez adquirida, permitirá às pessoas *links* organizar o caos resultante de ter múltiplos e, por vezes, contraditórios desejos e modelos a seguir; e, eventualmente, permitirá que dominem um campo de conhecimento onde inteligência se entrelaça com sabedoria, intuição com sensatez.

No entanto, se não aprenderem a utilizar essa habilidade adequadamente, não conseguirão compreender sua própria subjetividade. O medo de não poder demonstrar que sua suposição pode ser uma boa explicação para um fato ou situação e a necessidade de sentir certeza os impulsionam para a impaciência e a falta de rigor. Às vezes, tentam convencer a si mesmos de que revisaram minuciosamente as informações provenientes das pistas e as conclusões às quais chegaram, embora saibam intimamente que as dúvidas que têm estão mais relacionadas à falta de rigor em seus processos de pesquisa do que às inseguranças inevitáveis provenientes do pensamento indiciário.

A única coisa que dará credibilidade às suas ideias e crenças é a rigorosa sistematização da constante e repetitiva ocorrência de efeitos resultantes de fenômenos específicos; em outras palavras, aprender a utilizar bem o pensamento indiciário. Portanto, é muito importante que as pessoas *links* dediquem tempo e esforço para tolerar suas dúvidas, que são inevitáveis nesse paradigma de pensamento. Precisam determinar se essas dúvidas se devem ou não à falta de sistematização rigorosa, ou seja, se estão fazendo suposições razoáveis ou imaginando realidades improváveis. Com essa forma de perceber e pensar, é quase impossível não sentir medo até que a "realidade", ou o que realmente ocorre no mundo externo, demonstre que suas suposições estavam corretas, fazendo com que não se sintam loucas ou mentirosas.

Um resultado do sentimento de medo é o sentimento de culpa: se alguém não os entende imediatamente, os *links* sentem vergonha de ter feito ou dito algo incorreto. Eles se sentem perdidos quando não conseguem explicar de forma clara e convincente suas ideias e compreensão das coisas, porque, na maioria dos casos, suas conclusões são resultado de processos indiciários incompletos. Quando os *links* cometem erros, sentem que não têm as ferramentas ou a capacidade de validar suas intuições e formas não lineares de pensar. Suas tentativas de compensar essa falta podem frequentemente se manifestar como raiva, veemência, manipulação, exagero e outros comportamentos contestatórios.

A única maneira possível de ter a liberdade de pensar de forma diferente, sem correr o risco de ser excluído precisamente por ser diferente e, no melhor dos casos, ser valorizado por suas novas contribuições, é entender quando, como e por que vale a pena quebrar as regras existentes. Para ser original sem ser destrutivo, sem correr o risco de ser acusado de ser mau, é fundamental, primeiro, conhecer muito bem as regras convencionais.

Capítulo 8

"Quem sou?"

> *"Eu só queria saber,*
> *para apressar meus desvelos,*
> *(deixando de lado, céus,*
> *o delito de nascer),*
> *o que mais vos pude ofender,*
> *para castigarem-me mais?*
> *Os outros não nasceram?*
> *Pois se os outros nasceram,*
> *que privilégios tiveram*
> *que eu nunca gozei?"*
>
> *La vida es sueño* [A vida é sonho],
> de Pedro Calderón de La Barca

O dramaturgo e poeta espanhol Pedro Calderón de La Barca escreveu essas palavras para seu personagem Segismundo em 1635, na peça espanhola mais famosa do século XVII, *La vida es sueño*, uma alegoria filosófica sobre a condição humana e o mistério da vida.

Quase quatro séculos depois, as pessoas *links* ainda se perguntam o que estão procurando, o que as diferencia dos outros. Por que são incapazes de se sentir tranquilas e em paz onde estão? Por que continuam experimentando uma angústia incessante, que sentem como um peso emocional e físico que não os solta, que os impulsiona a procurar e continuar buscando?

Vimos Ruth, uma criança *link*, que não consegue dormir há várias noites devido à sua angústia, suspirando e respirando com dificuldade. Ela pede ajuda à mãe, mas não sabe e não consegue explicar o que está acontecendo.

É claro que nem Ruth nem todas as pessoas *links* leram Calderón. No entanto, fazem-se a mesma pergunta que Segismundo: por que não podem viver e ser como os outros, sem se fazer tantas perguntas, sem ter tantas convicções que sentem que precisam obedecer e sem ter de lidar com tantas dúvidas?

Parte da resposta é que Ruth, os *links* e Segismundo não são como a maioria das pessoas. Eles e outros como eles são incapazes de *não* questionar o sentido da vida, o sentido de suas próprias vidas e da vida em si. Por que eu nasci e não outros? E se eu não estivesse destinado a nascer, mas outros sim? Quem sou eu, entre todas as pessoas que acredito que sou? Quem sou eu, entre todas as pessoas que outros acreditam que sou? Sou eu, sou um sonho ou sou apenas produto do desejo de quem me gerou? Sou capaz de viver apenas para mim ou preciso cumprir uma missão? Sim, é isso: nasci porque tenho uma missão. Preciso saber o que é. Preciso sair em busca. Preciso encontrá-la.

Em seu maravilhoso livro *Learning to Live: A User's Manual* [Aprendendo a viver: um manual do usuário] (2010), Luc Ferry analisa os dois grandes modelos que o ser humano utiliza para superar o medo da morte que nos é dado pela consciência da natureza finita do tempo e do espaço. A primeira é a religião e a prática da fé, ou seja, acreditar em um ser superior que nos protege, cuida de nós, nos pune e nos consola. A segunda é a filosofia, que nos liberta da submissão a uma verdade ditada de fora, embora nos deixe sozinhos na luta contra as dúvidas, os questionamentos e a responsabilidade de encontrar e conviver com as nossas próprias respostas.

Tanto a religião quanto a filosofia partem da premissa de que todo ser humano sente medo do desconhecido, da certeza da morte, da possibilidade do nada. Os *links*, porém, sentem profundamente, desde muito cedo, a finitude da vida, uma falta ou um vazio, paradoxalmente mesmo quando estão vivenciando a alegria, momentos em que se sentem mais vivos e "felizes". Isso os impede de aproveitar plenamente o momento presente porque esse está sempre tingido pelo espectro da morte, do vazio, do nada.

Algumas pessoas, apesar de diferentes entre si em termos de idade, classe social, situação familiar, herança cultural e linguística e/ou local de nascimento, partilham uma necessidade incontornável, urgente e avassaladora de questionar o sentido da vida e o sentido da sua vida no mundo. Elas também têm em comum o fato de não encontrarem a resposta desejada acreditando ou confiando na benevolência de um ser superior, nem no ceticismo filosófico "diabólico" que Ferry descreve. Portanto, essas pessoas não optam pela religião ou pela filosofia, senão, como diz um ditado brasileiro, "muito pelo contrário". Ou seja, elas querem acreditar, mas não conseguem. Confiam apenas nas suas próprias verdades, nas verdades que esperam alcançar buscando mesmo sem saber o que, onde ou como procurar.

Para as pessoas *links*, questões sobre o sentido da vida, a inevitabilidade da morte, a imanência e a transcendência no mundo cotidiano estão presentes ao longo da vida. Embora acreditem que essas questões são comuns a todos os mortais, essa crença não está correta. O impacto dessas questões é particularmente significativo na vida das pessoas *links*. A angústia concomitante se manifesta com mais frequência no corpo, como ansiedade generalizada ou localizada no peito, na garganta e, mais frequentemente, no que é considerado o segundo cérebro, o estômago. A ansiedade é mais fácil de entender do que o sofrimento metafísico e, muitas vezes, pode ser resolvida com medicamentos e/ou diferentes tipos de terapia. Embora essas alternativas possam aliviar a ansiedade, elas não acalmam a angústia metafísica subjacente.

Conforme mencionado no capítulo 1, em minha experiência clínica, observei a presença de algumas variáveis comuns nas pessoas *links*. Em particular, é a singularidade das circunstâncias de seu nascimento ou infância que incorpora, muito cedo em suas vidas, a experiência da finitude do tempo e do espaço. As perguntas sobre o sentido da vida são uma tentativa de aliviar a dor dessa informação.

Muitas vezes, os pais e outros cuidadores adultos não reconhecem esses traumas precoces ou circunstâncias incomuns como relevantes para o desenvolvimento emocional de seus filhos. No entanto, essas experiências podem invadir o espectro emocional do bebê ou criança pequena, provocando uma sensação de perigo que é incompreensível, indescritível e intangível. Portanto, além de passar pelo inevitável trauma do nascimento, uma experiência compartilhada por todos os seres humanos ao serem forçados a deixar o paraíso uterino, as pessoas *links* vivenciam a transição para este mundo como ainda mais perigosa. Uma ruptura, um evento como uma doença, morte, perda ou ameaça, irrompe no suposto paraíso familiar (que a criança encontra no abraço protetor de seus pais), exacerbando o que já é um processo difícil de entrada na vida e, ao mesmo tempo, na morte.

Uma mãe em luto pela morte de um ente querido durante a gravidez; um pai que perdeu seu emprego e enfrenta o medo de não conseguir sustentar adequadamente sua família; o processo de realocação para outro estado ou país, que faz com que alguém experimente pela primeira vez novos e diferentes idiomas, culturas e geografias antes desconhecidos; acidentes físicos. Todos esses são exemplos de ruptura, mudanças irreversíveis e irreparáveis em circunstâncias que afetam profundamente a criança *link*. A ruptura significa entrar em um lugar de desesperança, falta de fé e medo difuso que não tem uma causa claramente identificável, assim como sensações corporais que são a manifestação dos sentimentos dos outros que o bebê absorve sem que seus próprios pais ou membros da família percebam que isso está acontecendo. Devido a essa experiência de ruptura, o sentimento de alienação se torna parte integral da subjetividade dessas pessoas. Repete-se a experiência de Adão e Eva: são expulsos de seu paraíso edênico e abandonados ao seu livre-arbítrio, sem a possibilidade de escolha. Apesar da dor da perda, as pessoas *links* têm em sua memória fragmentos de experiências idílicas em que se sentiram em comunhão com a totalidade da vida. Essas lembranças de um passado feliz são o motor de sua busca por um futuro igualmente feliz.

1. Os *links* como buscadores (*seekers*)

O evento traumático precoce provoca, nesses indivíduos que nascem com uma enorme capacidade de empatia global, uma necessidade incessante, quase compulsiva, de encontrar alívio, de descobrir algo que preencha a sensação de vazio, de buraco negro, de solidão existencial. Em resumo, os *links* são forçados a buscar o sentido da vida.

Daniel Boorstin (1983, 1992, 1998) descreve a história da humanidade usando as seguintes categorias:

1. **Os Descobridores** – são pessoas que abriram novos horizontes nos limites do conhecimento, movidos pelo desejo de saber, pela curiosidade acompanhada de coragem que os impele a aventurar-se em territórios desconhecidos, em *terra incógnita*, em diversas áreas do conhecimento.
2. **Os Criadores** – estas pessoas são as que tornaram o mundo mais bonito e a vida mais rica, usando contínua e sistematicamente sua imaginação, adornando o mundo com experiências e objetos (como criações literárias e artísticas e invenções em diversos campos) que não existiam até a época de sua criação ou invenção.
3. **Os Buscadores** – são pessoas que decidiram dedicar suas vidas à busca de sentido – o sentido de sua própria vida, o sentido do mundo, da existência, enfim, a tentativa de compreender o propósito de cada indivíduo e o propósito da humanidade.

As pessoas *links* se enquadram diretamente na categoria de buscadores, embora também possam compartilhar características e comportamentos descritos nas outras duas categorias de Boorstin.

As pessoas *links* sentem a necessidade de encontrar um lugar onde possam ser totalmente elas mesmas e ser aceitas pelo que são, onde possam se sentir confortáveis em vez de serem constantemente atormentadas pela angústia metafísica e pela insegurança.

Mas, assim como os criadores estão em paz com sua condição de artistas e os descobridores com sua condição de cientistas e pesquisadores, os buscadores que não se definem como filósofos profissionais sofrem até se reconciliarem com sua condição de "exploradores" de si mesmos, devido à indefinição de suas identidades. Saber que pertencem à linhagem dos buscadores ajuda-os a compreender que sempre houve outros como eles e que ser "diferente" não significa que devam caminhar sozinhos pela vida.

Entender e aceitar a si mesmos como buscadores permitirá que transformem suas vidas e iniciem a jornada que os levará a momentos de alívio temporário (que se tornará mais permanente ao longo da busca) e os afastará da sensação de vazio, da falta de sentido na vida, do buraco negro, do nó na boca do estômago, do coração e da garganta, que as pessoas *links* sentem desde a infância.

As pessoas *links* desejam descobrir o lugar onde acreditam que encontrarão a si mesmas. No entanto, exatamente porque não sabem quem são, não sabem como procurar esse lugar. Esse lugar de harmonia interior e tranquilidade é o que todas as pessoas *links* buscam, embora talvez ainda não o saibam ou não sejam capazes de articulá-lo.

"Lar", no sentido do momento específico em que se tem essa sensação indescritível de paz mágica, pode surgir em qualquer lugar. Mas não sabemos onde é até encontrá-lo. E, muitas vezes, porque as pessoas *links* estão viciadas na busca da perfeição, não percebem que "chegaram" e não param para saborear esse descanso no caminho.

Essa busca se assemelha bastante à busca dos artistas que desejam "chegar" à concretização em um objeto (obra de arte) que retrate em uma realidade concreta as ideias imaginárias que lhes dão origem. Assim como o artista navega entre a imaginação e a realidade para criar um novo universo, uma nova realidade, a pessoa *link* navega entre a liberdade e o pertencimento, entre ser para si e ser para os outros. A diferença é que a busca por esse momento mágico onde essas duas variáveis se entrelaçam de maneira singular, única e bela é mais penosa para as pessoas *links*, já que elas não possuem a habilidade ou os conhecimentos instrumentais que os artistas têm ou podem adquirir para entrelaçar com destreza as variáveis fantasia e realidade.

Ter nascido com nada mais (e nada menos) que o talento empático global, que os impulsiona a buscar essa "obra de arte" concretizada no encontro mágico da comunicação interpessoal, lança a pessoa *link* em um caminho sem mapas. Não existe um lugar onde se possa aprender de forma sistemática a linguagem das emoções próprias e alheias. Somente recentemente começou-se a legitimar – por meio da disseminação do conhecimento psicológico e biológico que explica o conhecimento popular sobre intuições, o sexto sentido – informações provenientes de mitos e textos que o inconsciente coletivo deixa impregnado nas criações culturais.

Para complicar ainda mais o processo criativo entre o ser para mim e o ser para outros, entre a liberdade e o pertencimento, entre o indivíduo e o grupo, a pessoa *link* enfrenta o desafio da mobilidade emocional constante que ocorre durante o processo de busca pelo momento mágico da tão desejada integração.

2. Um ensinamento do albatroz para os *links*

Os *links* são algo semelhante aos albatrozes, aves que não sabem voar, mas, paradoxalmente, podem permanecer no ar por mais tempo do que qualquer outra ave. Como Carl Safina descreve esse fenômeno em *Eye of the Albatross* (2011), graças à capacidade do albatroz de "não exercer nenhum poder propulsor próprio em longas distâncias, ele é impulsionado pela tensão entre as duas maiores forças do nosso planeta: a gravidade e o vento movido pela energia solar" (Safina, 2011, Prelúdio)[4]. As pessoas *link* não sabem o que querem porque sua extrema capacidade empática faz com que internalizem os desejos dos outros como seus. No entanto, devido à sua curiosidade e ao desejo e à habilidade de aprender (sem estudar), podem alcançar mais metas do que a pessoa não *link*, graças à capacidade de se deslocar entre muitas formas de vida diferentes e ver a vida de muitos pontos de vista. Assim, experimentam a alegria que vem com o alcance de metas, mas também o medo de não saberem se poderão repetir essas conquistas, porque não sabem o que realmente sabem ou como sabem. Isso pode levar essas pessoas a desenvolverem a síndrome do impostor, o medo de serem "descobertas" ou "denunciadas" como mentirosas ou impostoras.

Os artistas se outorgam não apenas o direito, mas também a obrigação de serem fiéis a si mesmos, respeitando seu processo de busca criativa. O albatroz aceita sua natureza ao planar conforme o vento o leva, legitimado pela busca de comida para seus filhotes. As pessoas *links*, no entanto, questionam seus processos de busca quando (ainda) não conseguem se explicar nem explicar o que e como buscam o que não sabem que estão buscando.

---

[4]. As referências entre parênteses indicam seções da edição Kindle do livro de Safina.

O problema dos *links*, quando ainda não perceberam que, se fizessem um bom trabalho introspectivo, poderiam definir o que estão buscando, é que, ao contrário dos artistas e dos albatrozes, eles não sabem como trabalhar com a imaginação e a realidade, com o "vento e a gravidade". Embora possam ler os ventos ao seu redor (os desejos dos outros), não sabem o que é nem onde está o seu centro interno ou o peso da gravidade que os equilibra. Não sabem até onde devem estender suas asas (seus movimentos, seus passos) para não serem sacudidos e levados pelos desejos alheios a horizontes onde não desejam chegar. Essa falta de conexão e confiança em sua própria intuição – que deve vir das sensações viscerais, da cenestesia, de saber "ler" sua própria força gravitacional – pode colocá-los em perigo ou, pior ainda, transformá-los em instrumentos pelos quais outros podem atingir seus próprios objetivos: lugares que podem ser completamente sinistros para a ética e a visão de mundo da pessoa *link*.

Os albatrozes não só conhecem perfeitamente seus corpos, como também têm uma ideia clara do propósito de suas viagens: conseguir comida para seus filhotes. "Ela [Amalia, o albatroz do livro] não estava navegando sem um rumo definido; ela estava investindo" (*Letting go*). Os albatrozes acasalam e constroem ninhos para toda a vida, retornando sempre ao mesmo lugar. Sua missão é cuidar de seus filhotes até que eles estejam suficientemente fortes para empreender seu próprio voo e, em seguida, cuidar de seus novos filhotes quando chegarem.

Isso é "o que significa ser um albatroz: viajar até os limites de qualquer mar. Nenhum oceano se estende o suficiente para deixar um albatroz para trás. Eles parecem torcer as leis da física; neste reino mágico, o espaço se contrai e pássaros solitários dominam bacias oceânicas inteiras, e a flecha do tempo se torna elíptica…" (*Moving on/ seguindo em frente*). No entanto, quanto mais os albatrozes viajam em busca de comida, mais sentem que seus filhotes os atraem de volta ao ninho. Eles podem sentir os novos filhotes "como um elástico, como um elástico suave" (*Letting go/ deixando ir*).

Isso é o que os indivíduos *links* precisam aprender para se encontrar: 1) reconhecer os sinais que vêm de suas entranhas, seus sentimentos internos de estar bem ou malnutridos, de se sentir confortáveis ou desconfortáveis consigo ou com os outros, e 2) entender que esses sinais – que vêm da leitura da informação oriunda de sua experiência cenestésica, ou das sensações em seus corpos – são bons e corretos, e podem ser confiáveis.

Os *links* precisam aprender com o albatroz que é possível viver a vida entre a atração gravitacional de seus ninhos (seu senso de identidade) e os ventos em constante mudança que sempre os cercam (as crenças dos outros). Em outras palavras, os *links* precisam aprender a distinguir entre a informação sobre quem é o "eu" que realmente são, que vem da cenestesia (simbolizada pelos filhotes), e a informação que vem dos desejos dos outros, das formas de vida às quais foram ou estão expostos desde crianças e dos valores que lhes ensinaram e que são da cultura em que foram criados. Assim como os filhotes são para o albatroz a força motivadora por trás de seu impulso de retornar ao ninho, a percepção cenestésica, que informa aos *links* sobre a sensação de paz interna que surge como resultado de navegar criativamente a tensão entre a necessidade de liberdade e a necessidade de pertencimento, deveria desempenhar o papel do ninho ao qual eles retornam repetidamente. Casa é o momento e o lugar onde o "eu" existe integralmente, onde se espera confiante que o eu inquieto que foi em busca de alimento para o autoconhecimento retorne.

O desafio para os *links* é que, para eles, o ninho pode parecer claustrofóbico. Escolher e restringir-se a um único ninho (um único eu) parece muito restritivo para alguém capaz de perceber e captar a imensidão dos oceanos. No entanto, a única maneira de não se perder nos ventos dos desejos dos outros, que os *links* frequentemente confundem com os seus próprios, é ter uma Casa claramente definida, uma definição de si mesmos, ainda que essa definição possa ser vista por outros (ou, às vezes, por eles próprios) como não boa o suficiente. Em resumo, os *links* precisam aceitar tanto seus desejos de um ninho de pertencimento quanto seus desejos de asas para voar em liberdade.

Os *links* devem aprender com o albatroz que, apesar das restrições e limitações que o pouso pode impor (voltar à terra firme, ou ao ninho, e ficar parado por um tempo), ele é uma necessidade. Para o albatroz, "talvez a ideia de permanecer em terra firme, depois de meses ou anos no mar pareça uma perspectiva tão desconhecida e assustadora que quase tudo pode causar um alarme geral. Talvez simplesmente haja algum outro sentimento de liberdade ou medo em suas mentes que se recusa a abandonar o mar livre pelo zelo árduo da paternidade, que ligará suas vidas à terra. Mas eles pousam" (*Letting go*).

A importância disso para os *links* é que, se *pousarem* em si mesmos, ou seja, se descobrirem os valores que os orientam e alcançarem a paz interior que buscam desesperadamente, poderão escapar de serem categorizados como marginais raros e estranhos e conseguirão entrar em uma nova subjetividade, que lhes dará a liberdade de partir e a liberdade de ficar.

3. O *Walkabout* (rito de passagem) e *Songline* (canto nômade)

A tradição australiana do *walkabout* (rito de passagem) ilustra bem a necessidade de empreender e buscar o próprio propósito, de partir para "se encontrar", e prepara as crianças das comunidades que praticam essa tradição para o caminho de suas vidas. O *walkabout* é um rito de passagem no qual adolescentes aborígenes australianos embarcam em uma jornada que os ajudará a se tornarem adultos. A viagem geralmente é feita entre as idades de 10 e 16 anos. Durante essa jornada, que pode durar até seis meses, o indivíduo deve viver e sobreviver sozinho na natureza.

Isso não é nada fácil de fazer, especialmente para os adolescentes. Portanto, somente aqueles que demonstraram estar mental e fisicamente preparados podem começar o *walkabout*. A decisão de permitir que uma criança inicie essa jornada é tomada apenas pelos anciãos do grupo, e nos anos que antecedem o *walkabout*, os anciãos preparam as crianças, instruindo-as e aconselhando-as sobre a cerimônia e a vida adulta em geral. As crianças, portanto, recebem os "segredos" da tribo, o conhecimento sobre seu mundo.

Além do objetivo óbvio do *walkabout*, que é caminhar e sobreviver, o iniciado (tradicionalmente sempre do sexo masculino) também deve dedicar seu tempo para pensar e se descobrir. O adolescente precisa compreender o conceito de coragem e se conectar com seus guias espirituais. Enquanto percorre a terra, o iniciado canta sua *songline*, uma canção ancestral que serve como um "mapa falado" para ajudá-lo a encontrar seu caminho. Na falta de instrumentos modernos como bússola ou rádio, acredita-se que o jovem seja guiado por um poder espiritual.

O *walkabout* é uma excelente metáfora para a jornada de autoavaliação e reflexão. Pode-se dizer que a *songline* guia a pessoa que está passando pelo *walkabout* a viver sua própria vida criativa e única em um mundo compartilhado e já definido.

As "tribos" nas quais a maioria das crianças *links* nasce, que não possuem a tradição do *walkabout*, não preparam seus membros para sair pelo mundo em busca do sentido de suas vidas. No entanto, para tornar esse processo ainda mais complicado, instilam o desejo de encontrá-lo na mente curiosa dessas crianças, embora não o façam de forma explícita.

É inevitável que as crianças *links*, nascidas em contextos contraditórios, sintam se desenvolver dentro de si, junto com sua curiosidade, o anseio por algo novo, diferente e verdadeiro. É inevitável que sintam uma inquietação que as obrigue a buscar o que é essencial e o que é seu, incluindo a busca por sua própria tribo, se ela existir, na qual possam combinar harmoniosamente as melhores tradições das diferentes tribos que habitam suas formas de ser.

As dificuldades para os *links*, ao contrário dos adolescentes aborígenes australianos, residem no fato de que, mesmo no caso de familiares que tentaram transmitir suas próprias experiências, as formas de sua busca não foram suficientemente legitimadas ou consideradas sólidas e bem-sucedidas a ponto de se tornarem uma tradição familiar viável e confiável que mereça ser seguida e transmitida de geração em geração.

Nas famílias que valorizam o espírito de busca individual e o respeito e o orgulho pelas conquistas daqueles que os precederam em diversas áreas do conhecimento, a criança *link* aprende a celebrar, com a mesma medida de curiosidade e gratidão, as frustrações, os fracassos e os erros, bem como as conquistas, as descobertas originais e a criatividade pessoal. A criança *link* também aprende a respeitar e tolerar a tristeza quando não encontra o que busca e a celebrar a alegria que sente quando "chegou" a um lugar desejado.

Em contrapartida, nas famílias que negam ou rejeitam seu próprio espírito de busca por considerá-lo perigoso, tanto para aqueles que incorporam esse espírito quanto para todo o grupo familiar, a criança *link* começará seu *walkabout* com medo, culpa e sem estar ciente dos recursos e conhecimentos que a família, mesmo sem querer, lhe transmitiu por meio de histórias, costumes e tradições.

A *songline* da pessoa *link*, portanto, é revelada como um mapa falado que emerge gradualmente. As letras não são apresentadas de uma só vez, pois nunca foram ditas por uma única voz, compartilhadas com outras pessoas ou legitimadas coletivamente. No entanto, são parte fundamental da lenda familiar, por vezes sob a forma de segredos que todos conhecem, mas nunca falam, misturando atos admiráveis e deploráveis. Ao contrário de uma criança aborígine, as linhas da canção de uma criança *link* permanecem latentes e ocultas, emergindo durante sua jornada como sinais inesperados que parecem surgir do nada (embora tenham sido "colocados" na criança *link*, de forma sutil e subconsciente, durante toda a sua vida), em vez de fazer parte de uma tradição ancestral manifesta que é deliberadamente transmitida de geração em geração naquela cultura.

Ruth, a menina que suspira à noite, o personagem de Segismundo, que profere as palavras de *La vida es sueño* [A vida é sonho], de Calderón de la Barca, que abrem este capítulo, e muitos outros como eles pertencem a uma longa linhagem de buscadores. Como Boorstin descreve, os buscadores não possuem bússolas ou mapas escritos. Eles têm *songlines*. Alguns têm a sorte de começar a ouvir suas canções desde muito jovens das mãos de pessoas em quem confiavam. Outros, como a maioria das pessoas *links* com quem me deparei na vida, precisam buscar em suas memórias lembranças que lhes permitam entrelaçar pequenas frases musicais que, aos poucos, começarão a se firmar como companheiras amorosas, sábias e confiáveis em sua busca. Também oferecerão conforto, segurança e o início de um sentimento de pertencimento desesperadamente desejado, as frases faladas ou escritas de pessoas que descrevem suas buscas pessoais e transmitem a confiança necessária para continuar na busca por compreensão, propósito de vida e Casa, onde se possa ser plenamente quem é, tanto para si mesmo quanto para os outros.

Capítulo 9

Entre o bom e o correto

1. Em busca do lugar "bom"

Nilton Bonder, em *Our Immoral Soul: A Manifesto of Spiritual Disobedience* [Nossa alma imoral: um manifesto de desobediência espiritual] (2001), afirma que a alma está em busca de um bom lugar para habitar, traindo o corpo que deseja permanecer no lugar tradicionalmente considerado o "correto". Bonder diferencia "lugar bom" de "lugar correto", definindo o primeiro como o local onde a alma tem mais espaço para explorar, mais liberdade, enquanto o segundo é o lugar mais rígido e restrito imposto pela tradição, moral e pelas regras estabelecidas pela sociedade para o comportamento humano. A enorme quantidade de informações que vêm com a capacidade empática das pessoas *links* faz com que se sintam confinadas, sufocadas pela expectativa de que devem aderir a um único sistema de crenças, a uma única maneira de sentir, pensar e viver. Elas estão quase destinadas desde o início a se sentirem traidoras, porque suas almas (intuições, percepções) precisam encontrar esse bom lugar. No entanto, elas não sabem qual é o bom lugar "correto", aquele em que seus corpos também se sentirão protegidos.

Os *links* passam por diferentes estágios durante sua busca. Primeiro, sentem-se sufocados por verdades que percebem como parciais e restritivas. Então, quando emergem desse sentimento e começam a sentir a euforia da liberdade, muitas vezes "se lançam" a quase qualquer verdade sem questioná-la ou aprofundá-la. Finalmente, ficam deprimidos quando descobrem que uma verdade na qual acreditavam cegamente (sem considerar outras) pode deixá-los isolados, já que, na maioria dos casos, não é compartilhada pelas pessoas que lhes importam. Com frequência, encerram esse ciclo com a sensação de que até essa verdade é incompleta e, portanto, insatisfatória.

As pessoas *links* sentem com igual intensidade e força tanto a necessidade de preservar o espírito da família, cultura e/ou sociedade na qual cresceram quanto à necessidade de mudança. Procuram satisfazer ambas ao mesmo tempo e com a mesma intensidade. O desafio surge porque obedecer a um impulso (a necessidade de encontrar a si mesmo) geralmente significa rejeitar o outro (continuar com as normas familiares e sociais com os quais foram criados). Questionam se essa rejeição – que ao longo de sua busca pode envolver muitos momentos de "destruição" de certas regras parentais e sociais em relação a comportamentos, formas de pensar, valores etc. – é algo ruim da parte delas, porque significa rejeitar ou destruir esse "espírito" herdado, ou algo bom, porque implica que podem construir algo melhor. Questionam se a necessidade de criar algo novo é apenas uma forma emocional e irracional de desafiar ou se opor ao que é conhecido, se é apenas por diversão e pelo sentimento de empoderamento que surge ao se rebelar, ou se é algo intuído como uma evolução das tradições existentes, resultante da integração (inconsciente) das informações da família, da cultura e/ou da sociedade que as nutriu.

As pessoas *links*, quando não se reprimem devido a acidentes, falhas e desilusões inevitáveis pelo método de tentativa e erro com o qual abordam a vida, movem-se livremente. São extremamente criativas e curiosas, interagindo com completos estranhos como se fossem amigos próximos, muitas vezes muito rapidamente e sem avaliar muito bem se serão amigos confiáveis ou se podem se tornar relações perigosas.

Muitas vezes, essas amizades rápidas também terminam rapidamente. Como acontece com muitas das aventuras das pessoas *links*, elas costumam não avaliar corretamente se se trata de trocas afetivas permanentes ou circunstanciais, essenciais ou acidentais, enriquecedoras ou empobrecedoras. Elas embarcam em explorações, para o bem ou para o mal, sem saber se se trata de encontros que as ajudarão a desenvolver o melhor ou o pior de si mesmas. Graças à sua enorme capacidade de navegar nas incertezas e ao fascínio pelo misterioso que as caracteriza, na maioria dos casos, também sairão bem-sucedidas dessas jornadas.

2. O bom, o mau e o estranho

Então, como se define "mau" ou "egoísta"? O que faz alguém ser considerado "estranho"? Quando alguém é culpado de ter feito algo errado contra os outros? Quando alguém se sente culpado apenas por pensar, sentir e se comportar de maneiras que não são consideradas "corretas" (usando a terminologia do Bonder)?

Os *links* sabem que os outros os acham "esquisitos", mas não sabem o que isso significa e, além disso, mesmo os "esquisitos" que são supostamente como eles não os aceitam como parte de suas tribos marginalizadas, o que os torna inseguros sobre suas próprias convicções. Não se veem como pessoas que odeiam ou cometem deliberadamente más ações para "vencer", derrotar ou prejudicar os outros de alguma forma. Estão convencidos de que não fazem coisas diferentes com o intuito de conquistar os outros, mas por respeito a si mesmos.

As pessoas *links* sentem profundamente que estão lutando por justiça. "Não é justo" sai de suas bocas com a mesma frequência com que temem ser acusados de fazer algo errado e/ou de serem maus, principalmente em momentos conflitivos de discrepância social.

Como as pessoas *links* podem aprender desde a infância a distinguir quando e por que é bom ou ruim ser gentil, audacioso, cauteloso, ousado, conservador ou inovador? Quando repetir e quando inventar? A resposta é que precisam passar por um longo e sofrido processo de aprendizado. A profunda empatia que as crianças *links* sentem por cada um de seus pais faz com que absorvam igualmente as diferentes e contraditórias mensagens às quais estão expostas. Quando são punidas, então, sentem-se injustamente acusadas e culpadas, mesmo enquanto protestam, muitas vezes em voz alta e com raiva: "Não é justo!".

3. "Maldade" e culpa paranoide

Por que o tema da maldade ou da culpa é tão proeminente na vida das pessoas *links*? Porque as emoções inatas com as quais nascemos podem ser reduzidas a duas: prazer e desprazer (Damasio, 2003). Os bebês sentem prazer quando suas necessidades básicas são atendidas, e desprazer quando não o são. Eles buscam o prazer e tentam evitar o desprazer. O desprazer desencadeia a sensação de estar sendo atacado e os mecanismos de defesa inerentes que o acompanham: lutar, fugir ou congelar.

Os bebês que nascem com uma capacidade superior de empatia global se sentem atacados quando experimentam como próprio, em seu corpo, o desprazer que seus cuidadores podem estar sentindo enquanto cuidam deles. Isso faz com que essas crianças altamente sensíveis reajam de forma dramática, expressando abertamente a sensação de desamparo e abandono, de desprazer diante do menor erro ou equívoco cometido por seus pais. Os pais, por sua vez, reagem com sentimentos igualmente dramáticos de desprazer, medo e a necessidade de se proteger enquanto lidam com sensações de luta ("Por que tenho um filho tão difícil de acalmar?"), fuga ("Não consigo fazer isso. Sou inútil. Não sou bom o suficiente.") ou congelamento ("Estou paralisado. Não faço ideia do que fazer.").

O tema da "maldade" se enraíza muito cedo, até mesmo precocemente, nos cérebros sensíveis dessas crianças que são capazes de sentir a raiva de outra pessoa como se fosse a sua própria. Ao se sentirem mal devido à invasão da emoção de raiva, fúria ou desprazer do outro se percebem como pessoas más. E quando se sentem más, "leem" e percebem a situação como ameaçadora e perigosa, o que as faz sentir medo, mesmo que não saibam exatamente do que têm medo: quem é o inimigo? Onde está o perigo? Como posso saber como me cuidar e do que me proteger? Como acalmo a voz interna que me observa, me avalia e me critica constantemente?

Esse sentimento é o que León Grinberg (1963) chama de *culpa paranoide*. Ele o descreve como um medo difuso, uma sensação de ser acusado, de se responsabilizar pelas acusações sem poder ou saber exatamente detectar qual foi o erro ou dano infligido. Isso exige estar em "alerta máximo", tendo que decidir – ao ser atacado ou acusado – se deve acusar o outro de ser pior ou escolher entre lutar, fugir ou congelar. Infelizmente, esse sentimento cria um estado de estresse permanente, com possíveis complicações físicas devido à exposição constante a hormônios que entram em ação para se defender do perigo, que é percebido como real, seja ele externo e tangível ou interno e imaginário.

Como sair do ciclo de forte vontade-fracasso-culpa-medo-autoincriminação? Uma situação limite concreta e realmente assustadora pode fazê-los parar e pensar no custo para os outros e para si mesmos de viver tão impulsivamente. Nesse momento crítico de reflexão, são capazes de deixar de lado a raiva que sentem por não poderem fazer o que acreditam ser melhor para eles, bem como o medo de serem considerados maus por sempre quererem fazer as coisas do jeito que querem. No entanto, renunciar ao impulso de lutar para lidar com a tristeza e a angústia que surgem durante esses momentos intensos e difíceis de reflexão não é tão fácil para as pessoas *links*.

Fazem-no, significativamente, sem culpar ninguém, sem brigar com ninguém e sem se punirem, paralisando ou desistindo da sua busca. Mas sozinhos. Não querem dever nada a ninguém. Não querem ficar presos à dependência por lealdade, gratidão ou por companhia que receber ajuda pode causar-lhes. Precisam se libertar da culpa paranoide que os percorre quando escolhem algo pensando que só estão fazendo isso em benefício próprio, sem perceber que, por serem *links*, podem se tornar especialistas em encontrar soluções onde todos ganham.

4. Culpa paranoide e liberdade

O conceito de culpa paranoide de Grinberg está muito mais relacionado com sentimentos profundos de angústia e medo do que com os típicos sentimentos de tristeza e dor que acompanham a culpa de reconhecer um dano, intencional ou não, causado a outros. As pessoas *links* vivem constantemente com a sensação de que estão prestes a serem "descobertas" e acusadas de serem culpadas ou responsáveis por terem feito algo errado. Essa "maldade" não está necessariamente bem definida. Muitas vezes, a outra pessoa não detecta nenhum comportamento incorreto ou inconveniente na pessoa *link*. Ou, se chega a ficar zangada, pode ser por alguma outra ação não relacionada com a que levou a pessoa *link* a se sentir "má". Com muita frequência, o que a pessoa *link* percebe é um sentimento de raiva ou desconforto da outra pessoa por causas que não têm qualquer relação com ela, atribuindo a si mesma, erroneamente, a responsabilidade por esses sentimentos. Novamente, isso se deve à capacidade de empatia global. Ela se contamina com a emoção da outra pessoa, mas nem sempre identifica corretamente a causa dessa emoção.

Anita, uma criança de 10 anos, oferece um claro exemplo de como as crianças *links* usam o comportamento impulsivo como um mecanismo de sobrevivência para o conflito interno constante que sentem, e como a culpa paranoide pode se manifestar em seu comportamento. Depois de um dia muito feliz na praia com sua família, Anita concordou em assistir a um filme em casa com seus avós e seu irmão. Enquanto tomava banho, mudou de ideia de repente e disse: "Não, quero ver minhas próprias coisas no meu iPad". Ela viu sua avó reagir a essa declaração com um semblante triste, o que fez com que, alguns minutos depois, Anita dissesse: "Bem, se é tão importante para você assistir ao filme juntas, eu faço isso". Sua avó respondeu, dizendo: "Obrigada, Anita. Fico muito feliz com isso, porque realmente gosto de passar tempo fazendo coisas com você, e não temos muitas oportunidades para isso, já que não moramos na mesma cidade".

Para surpresa da avó, Anita começou a chorar desesperadamente e correu para o quarto, dizendo, quando conseguiu falar: "Eu disse que poderíamos assistir ao filme juntas se fosse tão importante para você, mas esperava que você dissesse que eu não precisava fazer isso. Então eu me sentiria livre e não sentiria a pressão de ter de fazer o que você quer. Não quero assistir ao filme com todos vocês. Quero ver outro filme. Mas me sinto muito, muito mal. Você sse acrifica muito para me dar todas as coisas que eu gosto, e nem consigo deixar de assistir a um filme para fazer algo que você quer fazer".

Anita se sente completamente dividida entre o que ela percebe como seu próprio desejo e o desejo de sua avó. No entanto, para complicar ainda mais as coisas, o desejo de sua avó é também o desejo de Anita: quer se gratificar assistindo sozinha a um filme de sua escolha ao invés daquele que todos assistirão juntos, como uma família, e quer se gratificar fazendo algo que sua avó quer fazer com ela. Embora ela possa assistir sozinha a um filme em qualquer outro dia quando retornar para sua casa, não poderá assistir a um filme com sua avó porque esta é a última noite na casa de seus avós. A avó lidou com essa situação explicando a Anita que há uma solução para situações em que desejos contraditórios estão em conflito: ela precisa priorizar, o que requer paciência, e tomar o tempo para avaliar a situação que está causando agitação interna e sentimento de culpa, a fim de ver claramente qual é o melhor plano de ação, aquele que lhe permitirá, de fato, ter o melhor dos dois mundos. Ou seja, ela pode assistir ao filme com a família e assistir ao outro filme que ela quer ver, mas não ao mesmo tempo. Finalmente, a avó também tentou aliviar a culpa de Anita, deixando claro para ela que não se trata de um sacrifício, mas de uma escolha: ao satisfazer sua neta, ela mesma se satisfaz em seu papel de avó.

No final, Anita entendeu o que sua avó estava dizendo e decidiu ver o filme com a família, sabendo que também poderia assistir sozinha ao outro filme no dia seguinte. Embora não tenha machucado sua avó de forma alguma, ela *sentiu* que o havia feito e que isso significaria que sua avó não a amaria porque ela era "má". Uma chave para superar a culpa paranoide que as pessoas *links* vivem dia após dia é compreender de qual parte de si mesmas precisam cuidar em momentos específicos: a parte que precisa se sentir livre e independente ou a parte que precisa sentir que pertence legitimamente a uma família ou comunidade.

O processo de discernir qual parte de si mesmos priorizar deve ser feito com cada decisão tomada pelos *links*. Esse é um desafio central e contínuo, pois cada decisão os faz sentir que estão arriscando perder uma parte significativa de si mesmos. Precisam aprender a distinguir entre quando a necessidade de liberdade e independência em um determinado momento comprometerá permanentemente a possibilidade de pertencer e quando é apenas uma priorização momentânea que não terá efeitos prejudiciais duradouros em seu relacionamento com a família ou a comunidade. O oposto também é verdadeiro: precisam diferenciar quando a necessidade de pertencimento compromete sua liberdade e quando é uma necessidade momentânea sem efeitos negativos em sua futura independência.

Quero enfatizar aqui que o sentimento de culpa que as pessoas *links* experimentam desde a infância, bem como a sensação de serem más, difíceis ou impossíveis, no sentido de serem um problema sem solução, não são culpa dos pais ou de outras pessoas. Novamente, os *links* nascem com empatia global e são expostos a uma diversidade muitas vezes conflituosa desde tenra idade. Eles "sabem", sem conseguir expressar em palavras, sobre uma situação triste, trágica ou complexa nas circunstâncias em que se encontram, situação que lhes transmite uma sensação de melancolia, de fracasso irreparável, de desespero que os leva a sentir a compulsiva necessidade de reparar o que causa a dor. Estão constantemente preocupados com cada membro de sua família e comunidade. Os sentimentos de culpa paranoide, medo e tristeza são parte constitutiva da subjetividade das pessoas *links*. Ter uma identidade tão complexa, construída com base em tantos valores, ideias, desejos, metas, imagens de felicidade e conceitos de certo e errado é a base para sentir que sua "alma" é sempre "imoral". Na conceituação de Bonder: uma alma que está sempre buscando o bom lugar, o lugar correto para a alma, mesmo que não seja considerado correto pelas convenções sociais. Eu uso a noção de alma imoral de Bonder não para dizer que as pessoas *links* são imorais, mas para mostrar como suas almas, mais do que as de outros, são compelidas a procurar o lugar onde possam se sentir livres, enquanto continuam a lidar com a necessidade de pertencer à família ou à comunidade, mesmo que pareçam rejeitar as tradições e expectativas familiares e comunitárias.

5. Coreografias *links*: a dança complexa entre o desejo e a culpa

O angustiante conflito interno das pessoas *links* entre confiança excessiva e grande insegurança as mantém presas em um padrão de comportamento valente e projeção de enorme confiança, ao mesmo tempo em que, em particular, sentem uma profunda insegurança e dúvida sobre si mesmas. Não compartilham suas dúvidas abertamente por medo de receber conselhos contrários aos seus desejos, o que dificulta o processo de aprendizagem e a correção de seu curso.

Outra característica emocional dos *links* é que vivenciam um ponto de inflexão quando sua capacidade de empatia global os faz sentir o sofrimento do outro e perceber que foram eles que o causaram, mesmo que não tenha sido intencional.

Também se preocupam com o mundo e com o sentido da vida. No entanto, para evitar a dor quando não alcançam a perfeição ou a sensação de plenitude que procuram, desenvolvem indiferença, tédio ou aborrecimento como mecanismo de defesa. Isso os protege do sofrimento pelo sofrimento dos outros, mas também pode paralisá-los, interrompendo o processo de fazer o que é necessário para alcançar seus desejos, por medo de causar danos não intencionais.

As pessoas *links* podem manifestar essas emoções e comportamentos — frequentemente por meio de reações mais exageradas – mas, da mesma forma, podem agir externamente como se essas coisas não as incomodassem, embora, no fundo, a opinião dos outros as afete profundamente. De fato, o "não me importo" é muito comum no discurso das pessoas *links*, especialmente das crianças, pronunciado exatamente no momento de maior sofrimento.

Os diversos e variados interesses das pessoas *links* também lhes permitem distanciar-se facilmente das experiências de frustração e sofrimento, porque sempre operam sob a ilusão de que a próxima aventura lhes trará "felicidade". Lembrando a conhecida fábula A *raposa e as uvas*, podemos pensar que a raposa exibe o comportamento típico de uma criança *link* ao tomar uma decisão de especialista sobre algo que, na realidade, é uma negação, em vez de entristecer-se com as coisas que dão errado. No caso da raposa, ela decide parar de tentar alcançar as uvas, não porque estão muito altas, mas porque "não valem a pena", já que, segundo ela, estão azedas, estão "verdes". Em vez de admitir a derrota, a raposa as rejeita completamente, criticando ou "culpando" as uvas. De maneira semelhante, as pessoas, especialmente as crianças *links*, passam por situações desafiadoras, decepcionantes ou "fracassos", descartando-os como sem importância, distanciando-se das consequências infelizes e até culpando os outros pelo que deu errado. No entanto, o que sentem por dentro é dúvida, insegurança e culpa. E, como resultado, sentem medo, muito medo.

As pessoas *links* podem descobrir mais facilmente o próprio sofrimento quando, devido a sua capacidade de empatia global, percebem o sofrimento que suas ações causam aos seus entes queridos. A frase "por favor, não chore, não suporto ver você sofrer" é típica dos *links* quando não conseguem evitar enfrentar a dor causada involuntariamente. Muitas vezes reagem tentando desesperadamente anestesiar-se através da luta ou da fuga para aliviar a sua própria dor e sofrimento quando sentem, no seu próprio corpo, o sofrimento do outro.

Sofrem não apenas porque possuem uma empatia profunda, mas também porque o sofrimento que causam não é intencional e, na verdade, pode ter sido resultado do que consideram como *boas intenções*, decorrentes de sua inocente necessidade e desejo de explorar, descobrir e compreender quem realmente são, de buscar e encontrar a própria verdade. Embora os pais ou pessoas próximas possam não as entender dessa maneira, elas não têm a intenção de serem más ou ferir os outros enquanto tentam satisfazer seus desejos e necessidades.

Como reconciliar essas duas partes tão diferentes de si mesmas, aquela que traz dor e aquela que oferece compaixão? Como usar sua coragem, curiosidade e criatividade para promover a vida em vez de causar destruição? Essas são, justamente, as perguntas que impulsionam as pessoas *links* a se afastarem, a tomar as rédeas de suas vidas e a assumirem a responsabilidade por suas ações. Essa decisão não promete uma jornada fácil, mas, sim, um caminho solitário, repleto de riscos, decisões difíceis, responsabilidade, dúvidas e negociações desafiadoras.

Decidir deixar a segurança de sua família e comunidade envolve uma dinâmica complexa entre os *links* e os outros. Para eles, isso está relacionado ao pensamento e ao sentimento de que os outros não entendem suas reflexões e desejos e, por extensão, não os compreendem como indivíduos. Esse sentimento de não serem compreendidos os leva a decidir (talvez inconscientemente) que não podem confiar naqueles que não os compreendem como desejariam. Portanto, agem de acordo com seus próprios desejos, ignorando os conselhos dos outros. Essa desconfiança e impulsividade são mecanismos de defesa que permitem que eles ignorem e reprimam suas próprias preocupações, dúvidas e inseguranças.

As crianças *links* "farejam" as preocupações, as dúvidas e as inseguranças de seus pais. Sentir desconfiança e falta de respeito por parte de seus filhos *links* faz com que os pais sintam que não são capazes de ajudá-los a acalmar suas dúvidas e inseguranças. Embora sejam crianças que "cuidam" de si mesmas, muitas vezes tentam se libertar da culpa, da vergonha e do medo de saber que não se cuidam bem, acusando os pais de serem maus cuidadores.

Tanto os pais com seus filhos como as pessoas que acompanham a vida dos adultos *links* reagem com medo e raiva a essas acusações, muitas vezes parcialmente exageradas ou completamente injustas. Essa dinâmica facilmente se transforma em brigas e gritos que só servem para atiçar o fogo. Kara, a menina angustiada que mencionamos anteriormente, afirmou com grande convicção: "A raiva é ruim, mas a tristeza é pior". Essa frase captura com precisão os sentimentos desse círculo vicioso que começa com a impotência e a incapacidade de lidar com a frustração diante da realidade muitas vezes dolorosa. Um resultado dessa dinâmica complexa e tensa é um sentimento de raiva, vergonha e medo diante de alguém que se apresenta como difícil, diferente, indomável, incivilizado. Mais uma vez, isso não é culpa de ninguém: nem da pessoa *link* nem de seus companheiros do mundo. Ninguém tem culpa.

Donald Winnicott (2005), o notável pediatra e psicanalista inglês, afirma que para sermos bons pais ou bons terapeutas não dependemos apenas de nós mesmos, mas também das crianças ou pacientes que nos ajudam a sê-lo. Isso não é para diminuir nossas responsabilidades como cuidadores, mas para nos permitir sermos mais pacientes e compassivos conosco e permitir mais criatividade em nossos esforços para ser acompanhantes "suficientemente bons" para pessoas "difíceis". Dessa forma, é necessário ensinar a essas pessoas difíceis a serem mais pacientes e tolerantes consigo mesmas e com suas próprias frustrações durante os processos de aprendizado e mudança.

6. A necessidade dos *links* de encontrar sua verdade

A tristeza, a sensação de futilidade, vazio e a falta de sentido que as pessoas *links* sentem quando, mais uma vez, não encontram o que procuram, são avassaladoras. Muitas vezes, as palavras de consolo não são suficientes para aliviar o sofrimento, mas ajudam essas pessoas a saberem que alguém as ama, mesmo que não as compreendam completamente.

Ser uma criança *link* é muito difícil para a criança, assim como ter uma criança *link* o é para os pais. As crianças *links* representam uma quebra: são o produto de um encontro único e criativo entre duas pessoas que se escolheram por suas diferenças, sua complementaridade. No entanto, quando crianças, não sabem como harmonizar essas diferenças em um todo bem-sucedido, em um ser que se sente confortável no mundo.

Quando os *links* assumem a responsabilidade de tentar entender a si próprios e transformar seus desejos contraditórios em realidades paradoxais, apesar do medo, da tristeza, da angústia, da incerteza e da solidão, sentem-se pessoas boas. Agora são apenas eles e o seu destino. Agora são apenas eles e a busca pelo lugar onde acreditam que encontrarão suas verdades e a forma de vivê-las.

Para isso, precisam acreditar que encontrarão respostas para suas perguntas existenciais urgentes: Por que viver? Quem sou eu? Qual é o significado da vida? Onde eu me encaixo? Onde posso encontrar um sentimento de pertencimento que me faça sentir que os outros me veem e me aceitam como sou? Como ser o mesmo para mim e para o outro, ao mesmo tempo e no mesmo lugar?

Essa crença fervorosa vem acompanhada de dúvidas, mas não são dúvidas que surgem de uma forma de pensar agnóstica, ateísta ou niilista. São as dúvidas de alguém que realmente deseja acreditar em uma verdade que sente que é *a* verdade, uma verdade capaz de enraizá-lo, dar-lhe um senso de pertencimento e libertá-lo da designação de louco, estranho ou mau.

Os *links* precisam encontrar esse lugar, essa verdade. Não ser completamente para si mesmos e não ser completamente para os outros é viver no limbo. Devem chegar ao ponto em que encontram laços de reciprocidade, onde cuidar de si mesmos, cuidar dos outros e permitir que os outros cuidem deles seja mutuamente benéfico e enriquecedor.

Kara fornece novamente um exemplo útil, da vida real, do desejo que as crianças *links* têm de se compreender. Em um momento em que pôde deixar de lado uma resposta de "briga", raiva e irritação, escreveu esta canção:

No outono, quando as folhas do carvalho mudarem de cor, colocarei um pé no desconhecido.
No outono, quando as folhas do carvalho mudarem de cor, jogarei a lenha pronta para queimar.
No outono, quando as folhas do carvalho mudarem de cor, aprenderei e ansiarei.
No outono, quando as folhas do carvalho mudarem de cor, brincarei o dia todo.

Kara e todas as crianças *links* sabem que precisam continuar brincando para se entenderem, que precisam explorar o desconhecido dentro de si mesmas. Com o tempo, têm de aprender a escolher com cuidado o fogo onde queimarão as folhas das etapas pelas quais passarão em seus momentos de evolução, para não se queimarem a si mesmas ou aos outros na busca de quem são, de sua verdade e de um sentimento de pertencer.

No caso de muitas crianças *links* quando se tornam adultos jovens, fica claro para elas que precisam partir. Dizem a si mesmas: "Você encontrará um lugar onde pode ser quem é, onde sua bondade brilhará e você não machucará ninguém. Seja corajoso, tenha paciência! Você é um buscador! E agora é a hora de continuar sua jornada". E ntão é precisamente isso que fazem, sozinhas, inseguras, com medo, mas determinadas.

Capítulo 10

A *natureza inconformista das pessoas* links

Um momento-chave na jornada de autodescoberta e autoconhecimento das pessoas *links* ocorre quando são aceitas como são por alguém que nem as conhece e nem sente obrigação de amá-las por serem muito próximos. Sentem um grande alívio ao saber que não precisam se resignar a ser "más" ou "marginalizadas", a ser uma daquelas que estão condenadas ao exílio permanente e à solidão que isso implica. Alguém as "viu" e não as rejeitou, o que significa que devem ter algum valor. Podem ainda não saber como se definir. Mesmo não sabendo ao certo como se definir, mesmo não sabendo quem poderão se tornar, sentirem-se aceitas como são por alguém a quem concedem o poder de legitimação permite-lhes continuar, com mais tranquilidade, a busca por suas próprias verdades.

Porém, antes desse momento de aceitação, os *links* sentem-se indesejáveis e merecedores de rejeição, pois sentem-se permanentemente acusados de serem maus, independente de suas más ações serem intencionais ou não. A raiva que isso causa, não apenas por não serem bem compreendidos, mas por acreditar que o outro não tem a menor intenção de tentar entendê-los e ajudá-los a se entenderem, leva-os a serem intencionalmente maus. Sentem que fazer justiça com as próprias mãos está mais do que justificado. Contudo, a partir desse momento de legitimidade, de aceitação e respeito por si mesmos, os *links* iniciam sua vida autônoma: tornam-se responsáveis por suas próprias escolhas, enfrentando as consequências de suas ações e decisões. Compreendem que são capazes de agir mal, mesmo *sem intenção de causar mal*. Saber que não serão rotulados como "maus" definitivamente abre a possibilidade de se libertarem da culpa paranoide e simplesmente se conectarem com a culpa normal que ajuda a tentar reparar o dano causado, sentindo tristeza e pesar por terem causado sofrimento.

A partir do momento em que conseguem discernir quando estão agindo mal e quando estão sendo mal compreendidos em suas intenções, podem descobrir como fazer coisas boas e ser bons, por se sentirem queridos e dignos de serem amados.

Embora seja difícil de acreditar, os *links* sempre reagem com espanto e incredulidade quando descobrem que nem todos sentem e pensam como eles. Para eles, ser bom ou ser mau não obedece às regras morais convencionais. Eles respondem a critérios éticos rigorosos que levam em consideração fatores relacionados a sentir o outro como parte de si mesmos.

Embora queiram, não podem ser como as pessoas que seguem as leis que lhes são impostas desde o nascimento, sabendo que serão recompensadas por não se desviarem dos caminhos que outros colocam à frente delas e designam como os caminhos "corretos" a serem seguidos. Quando alguém sugere às pessoas *links* que escolham apenas um talento para se concentrar, sabendo que têm vários talentos, a resposta é: "Não posso, nem quero escolher apenas uma coisa, porque deixaria de sentir que sou eu. Não sinto que me encaixo em nenhuma categoria, mas posso me encaixar em muitas categorias diferentes. Às vezes, sinto-me capaz de tudo e muitas vezes incapaz de tudo. A ideia de ser tão camaleônico me aterroriza".

Esse tipo de conversa deixa as pessoas *links* desconfortáveis e frustradas, porque as confronta com a confusão sobre quem são e quem devem ser. Sentem-se angustiadas porque algumas pessoas parecem sempre saber quem são e o que devem fazer ao longo da vida, enquanto elas estão imersas em dúvidas e incertezas desde muito cedo. No entanto, apesar do desconforto e da confusão, se alguém as legitima, podem se sentir suficientemente tranquilas e confiantes para ousar pensar honestamente sobre o que e quem são, sem ficarem na defensiva ou partirem para o contra-ataque, como teriam feito no passado. Podem se dar conta de que há pessoas que, apesar de serem completamente diferentes delas, não as rejeitam nem as julgam e, portanto, permitem-se aprender com elas. Assimilam suas palavras sem se sentirem atacadas e sem sentirem a necessidade de culpá-las para expurgar o sentimento de culpa que surge ao perceberem que não estão à altura de algum modelo ideal.

Os *links* percebem que, sim, são insuportavelmente impacientes e exigentes e querem que as coisas aconteçam imediatamente e do jeito que querem. Eles percebem que é verdade que ficam com raiva e são capazes de reações voláteis quando pensam ou sentem que os outros não os compreendem, não os aceitam ou não valorizam as suas ideias na medida em que acreditam que deveriam ser valorizadas. Eles também percebem que sempre querem aprender apenas do seu próprio jeito, em vez de aceitar o caminho recomendado por qualquer pessoa que tenha tentado ensiná-los e ajudá-los a incorporar formas novas (mais eficientes, mais apropriadas, menos dispendiosas, menos arriscadas) de resolver um problema ou para sair de uma situação em que se sintam presos. Antes de se sentirem dignos de serem amados, reconhecer que lhes falta alguma informação importante ou que são incapazes de fazer algo é tão intolerável que transformam isso em uma decisão: "não quero", "não preciso de você" ou "ninguém pode me ajudar da maneira que quero que me ajudem".

Essa contradição que os atormenta desde a infância é entre, por um lado, sentirem-se vulneráveis se aceitam ajuda ou desejam ser amados e "pertencerem" a uma comunidade que os aceite como membros e, por outro lado, sentirem-se invulneráveis se não precisarem de ninguém e forem livres.

1. Os *links* como "diferentes"

Quando as pessoas *links* encontram alguém verdadeiramente mau, como aqueles que prejudicam os outros para seu próprio benefício, criando medo a fim de ter poder sobre eles, começam a perceber que não são tão más. Não são assim *tão ruins*. É verdade que não pertencem à categoria de pessoas fáceis de cuidar, das que agradecem quando lhes ensinam algo, que retribuem o amor que recebem, das que partilham o sentimento de pertencimento com outros, daquelas que conhecem os códigos familiares e os entendimentos mútuos tácitos. Mas também não são monstros que devam ser banidos da comunidade, que merecem ser expulsos ou tratados como um elemento perigoso só porque são diferentes de seus pares ou porque seus pais têm dificuldade em compreendê-las.

Começam a perceber que são realmente difíceis de entender. Nem elas próprias entendem o que querem. Apenas sabem que o que lhes é oferecido pelos seus círculos naturais de pertencimento não satisfaz suas necessidades criativas e não é estimulante o suficiente para a natureza curiosa e inquisitiva das pessoas *links*. E, ao mesmo tempo, percebem que sua capacidade limitada de disciplina e tolerância às inevitáveis frustrações no curso de qualquer tipo de aprendizagem dificulta pertencer a qualquer círculo a que desejem pertencer.

Entendem que são *diferentes* dos outros, mas não são *más* por maldade ou pelo desejo de prejudicar. Compreendem que não estão cheios de ressentimentos, mas de confusão: não sabem realmente quem são, quem querem ser ou são capazes de ser. Aceitam que, por mais que tenham ficado zangadas, desafiado ou declarado categoricamente que sabem o que querem e para onde vão, na realidade não sabem quem são nem o que procuram.

Aprofundar a exploração de sua identidade (quem sou eu?) e preocupar-se em encontrar seu lugar no mundo (o que devo fazer na vida?) são atividades que também ajudam as pessoas *links* a perceberem que essas perguntas que as preocupam não são necessariamente questões que chamam a atenção de todos. Para os *links*, é extremamente difícil aceitar que essas preocupações, que consomem seu tempo e energia e os enviam a uma busca que parece interminável, cheia de fracassos, frustrações e uma sensação existencial de nada ou vazio não são as preocupações da maioria das outras pessoas. Essas preocupações, na verdade, não são universais, nem mesmo "normais", no sentido de serem experiências comuns. O interessante é que as crianças *links*, desde muito pequenas, e os adultos *links* (sabendo ou não que pertencem a um grupo chamado assim), sentem-se diferentes.

Essa diferença dos outros é dolorosa para os *links* porque eles se sentem excluídos, como se não pertencessem e, portanto, como se não fossem dignos o suficiente de serem amados para terem o direito de pertencer. Também sabem que sua "diferença" frequentemente faz com que os outros se sintam desconfortáveis. Por não se sentirem amáveis, desconfiam de qualquer gesto de carinho (atenção, afeto etc.) que recebem dos outros (como seus pais, por exemplo). Para não se sentirem maus, consideram o gesto insuficiente, dizendo a si mesmos que não estão sendo cuidados da maneira que desejam. Ou seja, sentem-se não amáveis, então projetam isso nos outros e acabam acusando-os de não cuidar ou amar o suficiente. Constantemente oscilam entre se sentirem culpados por serem tão difíceis de entender (acusando a si mesmos de serem doentes, loucos, ingratos e mesquinhos) e sentirem raiva por não serem compreendidos (acusando os outros de serem rígidos, autoritários, egoístas e mesquinhos).

O que os marginais e os conformistas têm em comum é que não perdem tempo duvidando de suas decisões. Ambos seguem rigorosamente as instruções que lhes ensinam a ser o que são e quem são. A razão de ser dos marginalizados é transgredir as leis da sociedade, sejam elas justas ou não, enquanto a razão de ser dos conformistas é defender essas leis, sejam elas apropriadas ou não às circunstâncias, sejam elas justas ou não.

Em contraste com qualquer um desses grupos, as crianças e os adultos *links* estão cheios de dúvidas. Têm dúvidas quase o tempo todo, sobre tudo. Seu trabalho, então, é determinar quem é o "eu" que deve reunir as necessidades e os desejos de todos os diferentes "eus" que estão presentes e ativos a cada momento dentro deles, para tomar as melhores decisões. E a melhor decisão sempre será aquela que incluir mais necessidades e desejos de forma que não cause nenhum mal e que contemple e priorize a parte mais essencial e significativa de seu ser. Embora demore muito tempo e esforço, tentativa e erro, descontrole, desespero, vergonha, culpa e, acima de tudo, medo (às vezes disfarçado de raiva), é possível que os *links* criem seu próprio jeito de ser, que não seja nem imoral nem moralista, nem egoísta e individualista nem submisso e dependente. É possível que não sejam nem pecadores nem santos, nem marginais nem conformistas. Eles podem ser nada mais e nada menos do que... um *link*.

2. Os *links* como inconformistas

Alexandra, uma jovem arquiteta chilena que vive e trabalha em Nova York, oferece um bom exemplo do inconformismo das pessoas *links*. Ela se descreve assim:

> Desde muito jovem, sou extremamente sensível ao barulho, à TV alta, à música alta e aos gritos. Essas coisas sobrecarregavam meus sentidos e, por mais que eu gostasse da companhia de outras pessoas, nunca gostei de grandes multidões. Eu não diria que sou uma alma solitária, mas também não sou um "animal social". Adoro reuniões em pequenos grupos, que me permitem realmente conectar com os outros. As multidões me oprimem, e mesmo quando o ambiente pode ser interessante e divertido para os outros, muitas vezes pode parecer vazio e sem sentido para mim. Eu me sinto desconectada, fora do lugar.
> Sempre vivi no meu próprio mundo.
> Eu era diferente, as pessoas me olhavam de um jeito estranho por eu pedir para diminuir o volume ou desligar a TV ou parar de discutir tentando convencer uns aos outros sobre política e religião. O que havia de errado comigo por não aceitar tudo isso como parte da minha experiência diária? Esse senso de diferença não era apenas minha percepção da realidade; as pessoas concordavam. Ainda me lembro de meu pai me chamando de "delirante" por causa das ideias e declarações que me ocorriam não apenas quando criança, mas também na minha juventude.
> Mas querer um mundo mais pacífico, harmonioso e sensível ao meu redor não era tudo. Eu também era diferente na minha aparência física. Eu era delicada e baixinha. Sempre tive uma concepção diferente da vida que de alguma

forma exigia trilhar um caminho muito diferente do dos outros. Nunca percorri o caminho das massas, mas curiosamente sempre consegui me adaptar muito bem ao que se esperava de mim: eu era a melhor aluna, aquela que se comportava bem e era digna de imitação – ah, quantas vezes fui apresentada como exemplo para os outros! – a vencedora do troféu, a capitã dos times. E ali mesmo a dissociação se manifestava. Uma "alma dissecada", se tal termo pudesse realmente ser usado. Carreguei esse sentimento todos esses anos, mas só percebi quando me mudei para Nova York.

Eu estava sempre tão focada em não decepcionar os outros que consegui me enganar pensando que estava fazendo exatamente o que queria. Depois de muitas semanas chorando em Ítaca, comecei a busca para tentar entender por que, se sempre tive sucesso em tudo o que me propus a fazer, não conseguia me sentir fiel a mim mesma. Não era esse o meu verdadeiro "eu"? O que estive fazendo todos esses anos? Era apenas a necessidade de fazer feliz os que estavam ao meu redor? Esse era o meu propósito na vida? Quanto eu teria de dar aos outros para, finalmente, sentir que estava dando o suficiente? E como não me sentir culpada toda vez que sentia que realmente não podia dar o que a outra pessoa queria, mesmo que estivesse dando tudo o que tinha para oferecer? Fui uma traidora por deixar meu país natal e, com ele, minha família e amigos? Havia uma alma minha escondida que valesse a pena encontrar? Todas essas perguntas sem resposta. Comecei a perceber que muito do que eu vinha fazendo até aquele ponto da minha vida não ressoava comigo. No entanto, todos esses padrões e crenças estavam profundamente gravados em meu ser. Uma verdadeira batalha interna começou. E, com isso, a busca para encontrar (e eventualmente proteger) minha autenticidade, minha singularidade.

Desde então oscilo, tendo uma parte de mim querendo continuar o que gosto e sentir que me convém, e a outra pensando nos afetos que deixei para trás no Chile e me sentindo culpada por isso. Sabendo que aqui em Nova York não sou um ser "delirante" (e mesmo que seja, faço parte de um grupo incontável deles, então minha singularidade não se destaca realmente como algo escandaloso). Já ouvi e li muitas vezes "siga seu coração". Mas aqui está o grande dilema: qual desses dois é o chamado do meu coração? Ficar em Nova York e continuar minha busca para encontrar, entender e honrar minha singularidade ou voltar para onde nasci sabendo que mais cedo ou mais tarde (e com muitas batalhas envolvidas) vou acabar sucumbindo ao que os outros esperam de mim, à sua maneira de encarar a vida? Se for o primeiro, pago um alto preço por estar longe da minha família e amigos próximos; se for o último, pago o preço de perder minha autenticidade, minha liberdade de expressão, minhas asas, ou o preço equivalente de ter de lutar constantemente para defender esses valores.

> Existe uma resposta correta? Se sim, ainda não a encontrei. Passo alguns dias me sentindo muito sozinha, sem saber se ficar aqui no final das contas é a decisão certa, sem entender qual é o real propósito por trás de toda essa luta.

Alexandra, uma adulta *link*, chegou a um ponto de profunda compreensão do caminho de sua vida e dos dilemas que enfrenta. No entanto, em uma criança ou adolescente *link*, essa autoexploração se manifesta diferente porque um *link* jovem ainda não atingiu esse nível de autocompreensão e reconhecimento sobre o que deve ser feito para resolver o problema da luta interna.

Lori, uma menina americana de 12 anos, responde a uma pergunta sobre por que ela diz "não" a quase tudo que lhe é pedido ou oferecido, dizendo: "Ser rebelde é ser diferente. Eu quero ser única". Ironicamente, ela já é única, ou "diferente", mas por causa de sua diferença dos outros, a sensação de não se "encaixar", sobre a qual não tem controle, a faz sofrer. Lori encontra maneiras de ser diferente que são de sua escolha, como comportar-se de forma rebelde ou transgressora porque sabe que surpreende e provoca aqueles ao seu redor com comportamentos que ela "acredita" escolher.

A visão de Lori sobre seu próprio comportamento, embora não seja a visão mais desenvolvida de um adulto, fornece uma chave para os pais entenderem seus filhos *links* e aprenderem a escolher suas batalhas no processo de criá-los: os filhos *links* já são diferentes. Eles já pensam e sentem de maneiras que não são as comuns, aceitas, tradicionais, estabelecidas e facilmente reconhecíveis, as formas que são consideradas "corretas" ao invés de marginais, arriscadas ou mesmo perigosas. Para reivindicar sua singularidade sem causar controvérsias ou rejeições desnecessárias, os adultos *links* precisam aprender a não exagerar seus desacordos ou diferenças com os outros a ponto de levá-los a extremos belicosos. Sua motivação não é prejudicar ou colocar a si mesmos ou aos outros em risco, mas sofrer menos ao "juntar-se" a um grupo que imaginam estar cheio de pessoas como eles. No entanto, o que os *links* não percebem é que, embora pareçam "pertencer" ao grupo de pessoas incomuns, continuarão sendo diferentes, continuarão sofrendo, continuarão sentindo-se desconfortáveis. Na verdade, sofrerão mais porque seu senso ético os fará sentir-se ainda mais culpados e menos dignos de serem amados e aceitos por grupos que são únicos, particulares, criativos e originais (em oposição a grupos marginais ou convencionais) e que poderiam reconhecê-los como membros desejáveis.

Algumas das batalhas exaustivas e frequentemente infrutíferas entre as crianças *links* e seus pais ocorrem quando as crianças não se sentem suficientemente "compreendidas" por seus pais. Esse mal-entendido entre eles sobre as melhores maneiras de tomar decisões ou resolver problemas é uma fonte constante de conflito, raiva e angústia para ambos. Isso é algo que Alexandra, por exemplo, sente quando seu pai a rotula de "delirante", embora tenha demonstrado muitas vezes, em diferentes situações, que seus modos "delirantes" são mais bem-sucedidos do que os modos mais conformistas ou convencionais de seus pais.

Minha filha Paula, no final da adolescência, costumava dizer, angustiada: "Não quero usar nenhum uniforme. Não quero me cobrir com nada que não me permita ser eu mesma. Não quero me definir como dona de casa, psicóloga, arquiteta ou qualquer outro rótulo". Uma vez, em um de nossos habituais almoços de sábado com familiares e amigos, quando alguém perguntou, de maneira descontraída e interessada, o que ela ia estudar –uma pergunta que poderia ter recebido uma resposta convencional –, Paula disse, para consternação de todos os adultos presentes: "Estou estudando para a vida. Você sabe como viver bem?".

Desde muito pequena, Paula sempre buscou sua verdade, o que correspondia à necessidade de encontrar sua "essência" e o sentido que a vida tinha, não só para ela, mas para o mundo. Ela queria existir simplesmente por existir. Sua enorme curiosidade, sua capacidade de apreciar a natureza e a dança, o relacionamento próximo com sua avó (minha mãe), o prazer em aventuras com seu pai que exigiam destreza física, e o riso e a ternura que generosamente compartilhava com todas as pessoas com quem convivia significavam para ela estar no mundo "porque sim".

Ela não queria se definir usando títulos profissionais restritivos e predefinidos. Embora desde muito jovem soubesse que queria ser dançarina e terapeuta, tornar-se apenas artista ou apenas terapeuta não lhe permitia espaço suficiente para expressar sua profunda paixão por viver uma vida integrada e artística, assim como sua busca por uma vida significativa em cada momento de existência.

Alguns anos antes, depois de assistir a um concerto de Jorge Donn, durante o qual ele dançou o Bolero de Ravel com sua conhecida genialidade, Paula chorou durante horas e disse: "Eu não sou nem Jorge Donn nem Maya Plisetskaya. O que vou fazer *agora*?". Ela descobriu naquela noite que sua paixão pela dança, embora acompanhada de inúmeras horas de prática e um esforço genuíno para aprender, não era suficiente para criar a magia que ela queria trazer ao mundo.

A "magia" para Paula não implicava aventurar-se no sobrenatural. Ela queria que cada momento de sua vida brilhasse de uma maneira especial, que emanasse uma luz ou uma energia "natural". Uma energia que permitiria àqueles ao seu redor apreciar a beleza do mundo em cada um de seus elementos. Queria proporcionar aos outros o acesso ao inefável, algo semelhante a uma experiência "sobrenatural", muito distante dos gestos e ações típicos, muitas vezes robóticos, da vida cotidiana.

Mas como ela poderia alcançar isso se não possuía um "dom" inato para uma atividade artística específica? Como poderia conseguir isso se também não queria "se vestir" como uma sacerdotisa ou guru, e não queria adquirir elementos litúrgicos de qualquer tipo que a ajudassem a usar palavras e ações que conduzissem à criação de magia? Como, então, poderia viver?

"Entre o sofrimento e o nada, escolho o sofrimento", disse William Faulkner. De maneira semelhante, a resposta implícita de Paula foi, por muitos anos, esta: entre um mundo sem magia e uma vida dedicada à busca, escolho continuar buscando, embora não saiba para que, como ou onde.

Quando eu tinha 12 anos, minha mãe me disse que não conseguiria cuidar de mim adequadamente se eu desviasse dos caminhos que ela havia escolhido. Como uma mãe que se sentia como uma galinha cuidando de seus pintinhos, abrigando-os sob suas asas para protegê-los, ela não soube cuidar de uma garota como eu, que voaria como uma águia, aventurando-se em direção a horizontes e céus que ela não poderia seguir.

O desafio para minha mãe, para mim como mãe e para todos os pais de crianças *links* – que são atraídos por seus parceiros por sua diferença (o modelo de "os opostos se atraem") e por sua profunda convicção de que não há apenas uma verdade – é defender o que acreditam ser bom para seu filho "difícil" quando a criança diz que algo não apenas não é bom para elas, mas que não é o que querem e, em alguns casos, até sentem que é *ruim* para elas. Esse é o momento em que, na tentativa de não serem autoritários, os pais são destituídos de sua autoridade para cuidar do filho. Sem querer ou perceber, os pais caem no jogo manipulador de ameaças e castigos, defendendo sua posição dizendo, por exemplo, que são eles que têm os recursos econômicos e que, portanto, a criança deve obedecer. Mas nessa dança distorcida, a criança acaba convencida de que é a vítima ou "o bom" no domínio do poder emocional e retrata seus pais como os agressores ou "os maus". Claro, isso faz com que os pais se sintam mal, culpados, inadequados e impotentes. Paradoxalmente, no fundo, isso também faz com que a criança se sinta culpada e "má", pois sabe que está machucando seus pais.

Tanto o erro da minha mãe comigo quanto o meu erro com Paula foi sentir muito medo de não poder ou não saber abrigar, cuidar e proteger nossa filha dos perigos do mundo. Independentemente do quanto minha mãe me deu ou do quanto eu dei à Paula, o reconhecimento de que éramos pessoas diferentes e as implicações dessa diferença estavam demasiadamente tingidas pelo medo de termos falhado como mães e pela culpa de não termos conseguido ou não termos sabido criar filhas mais "normais".

As crianças *links*, é claro, precisam passar por seus próprios momentos de "reconhecimento" à medida que avançam em seus caminhos de vida desafiadores. O reconhecimento de que, na verdade, não sabem quem são e, portanto, não sabem de tudo (em contraste com a imagem idealizada que sempre projetaram nos outros) é crucial para seu desenvolvimento. Esse passo importante em sua jornada de autoexploração é o que finalmente lhes permite começar a aprender. Esse momento é crítico porque as crianças *links* têm dificuldade de admitir que não sabem o que querem, embora se esforcem muito para fazer os outros acreditarem que sabem. Cheias de dúvidas internas, agem como se fossem donas da verdade absoluta, embora estejam apenas procurando sua própria verdade essencial. Quando suas certezas são questionadas, o nível de vergonha, angústia, medo e culpa aumenta. Culpar ou acusar os outros pode se tornar um hábito para se libertarem da humilhação que sentem quando são atormentados por um possível erro.

Se desconfiar ou culpar os outros se torna um hábito, a criança *link* terá sérias dificuldades em qualquer processo de aprendizado e em tolerar as frustrações inevitáveis que vêm com o aprendizado. Portanto, é de suma importância detectar o momento em que essas crianças "se quebram", ou seja, quando percebem que não sabem tudo e não podem fazer tudo sozinhas. Em um nível profundo, enfrentam o conhecimento de que não podem nem contar com a certeza e o orgulho de pertencer e conhecer bem as histórias e tradições familiares, nem com a certeza do "direito" de brigar e prejudicar os outros, estratégia com a qual os marginais se protegem. Também não podem contar com a paciência e a humildade que lhes permitiriam pedir ajuda, nem podem aceitar os prazeres e as conveniências da interdependência mútua. É nesse momento de reconhecimento ou "ruptura" que as crianças, e mais tarde os adultos *links*, permitem que outros entrem. Permitem que entrem aqueles que até agora foram recusados por medo da obrigação de obedecer; de não poder ser quem querem ser; de serem conduzidos por caminhos que não escolheriam se estivessem sozinhos, livres e completamente independentes; de não estar à altura do que se espera deles ou de desapontar os outros se aceitarem ser amados e cuidados por eles. Em suma, eles chegam a um ponto em que permitem que outra pessoa os pegue pela mão, finalmente, conseguem combinar saber (e serem fortes) com aprender (e serem bons).

Capítulo 11

Sentir-se compreendido

Os *links* passam por diversas situações muito dolorosas por insistirem em fazer tudo do jeito que querem, muitas vezes em reação a um limite ou acusação que outra pessoa tentou lhes impor e por não se darem o tempo para pensar sobre as coisas.

Quando começam a perceber que, por mais que queiram ser livres, também querem pertencer, reconhecem que, por mais que insistam que podem gerir a própria vida completamente sozinhos, precisam aceitar que, se continuam vivos e inteiros, é graças à presença visível ou invisível de muitas pessoas. Como conciliar em uma única atitude a dupla necessidade de serem criativos e seguir seus próprios pensamentos, desejos e maneiras de se mover pelo mundo e, ao mesmo tempo, se sentirem contidos, protegidos, apoiados e abraçados? Como aceitar a necessidade de se sentirem amados como são e tolerar o abraço que pedem sem se sentirem sufocados?

Em geral, os *links* sofrem constantes altos e baixos emocionais. Por um lado, experimentam euforia e sentem-se poderosos, e até mesmo superiores aos outros, quando fazem as coisas à sua maneira e obtêm sucesso. Por outro lado, sentem-se profundamente angustiados, impotentes e humilhados quando as coisas não saem como planejado. Quando se permitem seguir os caminhos que reconhecem como corretos, mesmo que seja "a autoridade" quem os indica, sem rebelião irracional, aceitam que os limites protegem e não necessariamente aprisionam. Desfrutam seguir as instruções e o processo de aprendizagem como uma fase de dependência desejável no caminho para serem independentes e inovadores.

Para mudar um hábito, para libertar-se de um comportamento repetitivo que parece agir por conta própria, escapando do nosso controle porque se apresenta como mais poderoso do que nossa vontade, é fundamental tolerar a frustração e abandonar a busca por gratificação imediata em favor de uma abordagem mais sistemática que ofereça resultados desejáveis e, além disso, duradouros. Isso é difícil para os *links* porque não sabem como refletir sobre suas intuições e tampouco sabem o que os satisfará a longo prazo. Não sabem o que realmente querem, e isso lhes causa medo. Têm muito medo de não saber o que precisam aprender ou se conseguirão. Temem não ser tão inteligentes como acreditam. Em vez disso, a certeza de que algo está faltando, algo que não sabem o que é, onde encontrar, nem a quem pedir ajuda, os acompanha como um fantasma permanente. Não estão familiarizados com o hábito de pensar de forma sistemática, buscar informações para corroborar ou descartar suas suposições, nem de sistematizar seus métodos de busca. E não entendem que a paciência é tão fundamental no processo de busca quanto a curiosidade.

1. Abrir mão "do meu jeito"

As pessoas *links* exibem uma impaciência e uma impulsividade habituais ao fazer as coisas do seu jeito, o que gera conflitos com seus pais e outras pessoas que tentam dialogar com elas ou compreendê-las. O sentimento fundamental, em sua maioria inconsciente, das pessoas *links* é: "ou faço do meu jeito ou me sinto reprimido, sufocado, desrespeitado, não amado e incompreendido". A verdade é que elas não se entendem completamente, pois ainda não conhecem nem compreendem todos os personagens (os "eus") que as compõem, nem como esses personagens se relacionam entre si, nem como resolver as contradições e diferentes necessidades de cada um deles. Essa falta de conhecimento as leva a sentir que, ao escolher uma única maneira de agir, estão reprimindo alguma outra que suspeitam que poderia ser melhor, mais verdadeira, mais essencial. Esse conflito interno não resolvido se manifesta na relação com o outro. A trama se desenrola como se fosse uma cena de espelho onde a pessoa *link*, inconsciente de suas dúvidas, se agarra à defesa de uma de suas opiniões ou crenças. Ela discute, fica irritada, briga com a opinião e a crença do outro, que, muitas vezes, nada mais é do que a outra parte da contradição interna que, ao causar um sofrimento intolerável, se transforma defensivamente em uma dissociação entre o eu e o outro.

Quando os *links* percebem que algo pode estar errado com sua maneira de querer aproveitar a vida, entendem que insistir em ter e fazer as coisas do seu jeito pode resultar em algo mais negativo do que positivo, mais empobrecedor do que enriquecedor e mais frustrante do que satisfatório. Fazer as coisas "à minha maneira *apenas porque estou convencido de que é a "única" maneira*" pode não ser a melhor abordagem, não apenas para o outro, mas também para mim mesmo.

Por que os *links* têm tanta dificuldade em compreender e aceitar que outros podem conhecer maneiras menos perigosas e menos custosas de alcançar bons resultados na vida? Como mencionado, uma das razões é que, desde muito pequenos, sua compreensão empática os leva a perceber que cada um de seus pais tem sua própria verdade, ambas aparentemente válidas e consideradas "as melhores" por quem as compartilha, o que resulta na dificuldade de acreditar completamente em qualquer uma das duas verdades. Isso leva à falta de confiança nas outras pessoas. Vale ressaltar que também não confiam em si mesmos, mas se convencem de que aquilo que sentem que melhor os protegerá em todos os momentos é a verdade verdadeira que buscam. Na verdade, estão mais empenhados em observar quando e como seus pais e outras figuras de autoridade cometem erros do que em dialogar e aprender.

O caso de Pierre ilustra bem esse ponto. Seu pai o coloca sentado na cesta da bicicleta para o levar ao pediatra. Pierre reclama, diz que está com dor no traseiro e que, para o caminho de volta para casa, quer pegar um táxi. Seu pai explica que não podem fazer isso porque o táxi não pode levar a bicicleta. Pierre propõe: "então, eu vou sozinho no táxi e você pode voltar para casa de bicicleta". Seu pai responde que não pode deixá-lo sozinho no táxi porque isso não é seguro. Pierre contra-argumenta: "então, você pode me seguir na bicicleta". Argumentos irrefutáveis.

Outro argumento irrefutável é o que Pierre diz após uma queda que, infelizmente, resulta em um braço quebrado: "Você não me ensinou a andar de *skate* suficientemente bem. Olha o sangue que sai de mim! Você é irresponsável. Já encontrei uma farmácia que pode me tratar. Pesquisei no Google para ver onde é a mais próxima… você nem trouxe algo para me desinfetar".

Um terceiro episódio envolvendo esse mesmo menino ilustra outra razão pela qual para as crianças *links* é difícil aceitar (ou mesmo ouvir ou tentar compreender) as formas de vida e tomadas de decisão sensatas e boas (embora entediantes para eles) propostas por seus cuidadores. O que os *links* procuram são momentos "mágicos" nos quais se sintam conectados com seu entorno, em paz consigo mesmos e com os outros. Pierre está entediado em uma praça de Paris passeando com seu pai. Olha ao redor e vê um homem fazendo truques de mágica, recebendo moedas que pessoas colocam em seu chapéu. Pierre começa elogiando-o e perguntando como ele faz os truques.

O público aprecia esse garoto que parece saber tudo. O homem percebe que está atraindo mais pessoas para seu show ao fazer com que o garoto participe de seus truques. Isso continua por mais de meia hora. Quando o show termina, após ter recebido aplausos e muitas moedas no chapéu, Pierre diz ao homem: "Quero a minha parte. Deveria receber metade, porque trouxe mais pessoas para verem você". O pai não sabe se deve sentir vergonha ou orgulho, e o artista de rua não sabe se deve ficar bravo ou rir da demanda totalmente irreverente, mas também totalmente pertinente, da criança.

Os métodos das crianças *links* para encontrar maneiras de se divertirem – seguindo as pistas que sua versão amadora do pensamento indiciário lhes diz para seguir – às vezes levam a lugares incomuns, desconhecidos e mágicos onde, aparentemente sem esforço, sem risco de perigo (porque não há sinais claros de alerta), sem nenhuma lógica que pareça regular o modo de viver a vida, elas sentem uma sensação de fluxo, de serem um com o universo, de estar no momento em que cessam seus questionamentos e dúvidas incessantes, e em que a vida faz sentido. Esses momentos de sentirem-se integrados em um todo que os acolhe no lugar onde mais precisam servem para aliviar a angústia existencial permanente dessas crianças, que desde cedo, antes de conseguirem apreender esta informação, percebem os limites do tempo (a morte) e a finitude dos belos momentos e experiências, e os limites do espaço (estar preso nos confins de um único corpo que é capaz de fazer algumas coisas, mas não todas, e que também está definitiva e inexoravelmente separado do outro). Momentos de *fluxo* proporcionam descanso e alívio de sua confusão perpétua entre imaginação e realidade, entre "saber" algo por meio de seus sentimentos e intuições e conhecer algo por meio do pensamento e do estudo.

Para as pessoas *links* que ainda não resolveram suas contradições em paradoxos, esse estado constante de "saber", mas não saber o que sabem, nem entender como sabem o que sabem, é intolerável e resulta em uma tremenda dúvida sobre si mesmas. Essa dúvida é agravada pelas reações dos outros quando não acreditam nem confiam nelas porque não conseguem dizer como ou por que sabem alguma coisa. *Sentem* o que sabem, mas não *pensam* o que sabem e, portanto, não conseguem explicar suas intuições e convicções aos outros de uma maneira que os outros possam aceitar e confiar. As dúvidas e acusações que outros lançam sobre elas por aquilo que supostamente deveriam saber, ou mesmo por mentir, apenas aprofundam a frustração e a angústia com que as pessoas *links* vivem até atravessarem o processo de mutação, às vezes mais longo do que desejam, que as leva à integração de suas diferentes necessidades e desejos. Insisto, há um final feliz nessa busca. Existem casas, pessoas, projetos, cenas onde se encontra o abraço preciso, o momento de paz tão desejado.

2. A busca do lar

É compreensível, então, que as pessoas *links* queiram se dedicar a encontrar mais desses momentos – momentos de gloriosa intimidade e fluidez — para apagar temporariamente sua angústia metafísica e profunda frustração, e para que o "eu" cotidiano, o eu corporal que existe no tempo e no espaço, não precise reivindicar, lutar nem chorar, visto que o "eu" permanente, transcendente, pode se realizar. Esses momentos de fluxo, que proporcionam às pessoas *links* uma sensação de calma e satisfação, os momentos em que podem se sentir confortáveis e "elas mesmas", permitem que se sintam seguras, protegidas, apreciadas e amadas. Esses momentos, por mais efêmeros que sejam, oferecem a sensação de lar que estão buscando, mesmo que muitas vezes ainda não possam descrever exatamente o que estão buscando.

Um desafio constante para os *links* é que a busca por esse sentimento de estar confortável, de ter chegado em Casa, os leva a mergulhar em experiências que consideram interessantes, emocionantes, novas e desafiadoras, porque contêm a promessa desse Lar reconfortante. No entanto, podem se colocar em perigo se iniciarem essa busca sem sequer terem um esboço de roteiro traçado. Nesse caso, em que nessa busca por algo – por essa Casa reconfortante que só será compreendida quando encontrada – não há mapas predefinidos, o importante é contar com bússolas internas. Isso significa contar, no início da jornada, com 1) a bússola da precisão para saber com a maior certeza possível o que se procura. É crucial ter uma conexão interna confiável que permita o acesso aos sentimentos mais profundos sem se confundir com informações provenientes de crenças mais superficiais; 2) a bússola da ressonância para acessar pistas sobre o que pode ou não ser encontrado nos cenários (pessoas, projetos, circunstâncias) percorridos e ouvir os ecos que surgem na interação entre o buscador e os caminhos que percorre, sem confundir sua própria voz com as vozes externas; e 3) a bússola da reciprocidade, que informa sobre o momento mágico de chegada, o momento em que sou o mesmo para mim e para o outro. Esse é o momento exato de parar a busca, mesmo que temporariamente. Celebrar o alcançado, nomear o conquistado é indispensável para acumular as informações que permitirão ao buscador construir o próprio mapa da busca que o leva por caminhos únicos, próprios, pioneiros e desconhecidos.

Dois conjuntos de sentimentos radicalmente diferentes estão em jogo na infância da criança *link*: o da alegria exultante no início de uma aventura de descoberta e o do medo irreprimível e preocupação dos pais que tentam controlar o impulso incontrolável dos filhos. Essas duas emoções também estão presentes no adulto *link*, caso ele ainda não tenha entendido que essa contradição enlouquecedora é, na verdade, um paradoxo saudável. É possível desfrutar a curiosidade aventureira e, ao mesmo tempo, a prudência preventiva.

Quando os *links* vivenciam esses momentos de Casa, sentem-se abraçados pela vida e adentram vastos mundos, em um universo infinito. No entanto, quando não encontram seu lugar e seus espaços no mundo, sentem-se desolados, vazios por dentro, cercados pela escuridão e aprisionados em um buraco negro. Muitas vezes, essas pessoas são erroneamente diagnosticadas como bipolares, porque, quando encontram seu espaço de fluxo, são invadidas por uma sensação de felicidade total, quase eufórica, e quando algo dá errado e começam a duvidar de si mesmas e de tudo, a magnitude da angústia é tão intensa que não encontram palavras para expressar sua dor e seu medo. Entre esses céus e infernos emocionais, não há nada.

As pessoas *links* que não se conhecem o suficiente para entender como pensam, sentem e agem carecem de um espaço emocional para tolerar a inevitável frustração que faz parte de qualquer processo de aprendizado. Não há lugar para a tristeza normal e passageira que surge da consciência das coisas que faltam ou que ainda não sabem. Não há espaço para a tristeza normal e passageira de ter de deixar irem pessoas ou coisas que já não servem para o propósito que um dia tiveram, como amigos, colaboradores ou empregos. Como não conseguem tolerar essa emoção "normal" de tristeza, não podem passar por um processo saudável de desapego ou dizer adeus. Como mecanismo de defesa, recorrem à culpabilização alheia ou de si mesmos (paranoia ou melancolia), ou à raiva e à briga para evitar sentir a impotência, a frustração e o medo, partes inevitáveis da vida.

No mundo emocional das crianças *links* não existe depressão de desenvolvimento como a descrita pelo psicanalista Enrique Pichon-Rivière (1971). Essa depressão "saudável" ocorre quando a criança percebe que seu cuidador, a pessoa que a alimenta (amamenta) e em quem confia é a mesma pessoa que a frustra e de quem começa a desconfiar quando não recebe a comida (o peito) no momento exato em que o exige. Segundo Pichon-Rivière, esse momento de apreensão da realidade é necessário e fundamental para o desenvolvimento saudável da criança. Em contraste, as crianças *links* passam constantemente por experiências melancólicas de profunda autoacusação e culpa paranoide, bem como por acessos de raiva e acusações dirigidas a tudo e a todos ao seu redor.⁵

Infelizmente, às vezes, as crianças *links* se encontram em situações muito dolorosas antes que possam aceitar ou tolerar a dependência, as limitações e a falta de liberdade que sentem que essa aceitação traz. Embora os pais ou cuidadores não devam renunciar à sua autoridade quando seu filho estiver passando por algo doloroso, também não devem abusar dessa autoridade, negando ao seu filho *link* qualquer envolvimento na tomada de decisões. Ao contrário, é fundamental que essas situações sejam utilizadas para valorizar e legitimar adequadamente as ideias inovadoras de seu filho e contextualizá-las. Isso permite que a criança tenha uma boa autoestima, o que não significa sentir-se melhor, mas aprender realisticamente quais são seus pontos fortes e fracos, onde podem ser solidárias e onde precisam de apoio, quando suas ideias são boas e originais e quando são produto de sua imaginação, sem uma base na realidade. Compreender e conhecer melhor a si mesmo servirá como um antídoto contra os picos de euforia e as profundezas do desespero que essas crianças normalmente experimentam, quando alternadamente se sentem no topo do mundo ou dentro de um poço sem fundo. Em outras palavras, o autoconhecimento permitirá que se sintam bem consigo mesmas, de forma saudável e equilibrada, entendendo no que são boas e no que não são tão boas, em vez de oscilar continuamente entre se sentir a melhor ou a pior pessoa do mundo.

3. Aprendendo a aprender

Os *links* precisam aprender que existem atividades em que diferentes virtudes podem se unir com um "e", onde, conjugadas, resultam em um desempenho melhor, ao invés de um "ou", onde se anulam mutuamente.

As pessoas *links* confiam e se entregam ao cuidado dos outros quando sabem diferenciar entre o que sabem e o que não sabem, mas podem aprender, e quando aceitam sem vergonha que há coisas que são muito difíceis de aprender porque estão além de suas possibilidades. Nessas condições, podem deixar de ter medo e de estar constantemente na defensiva. Embora encontrem dificuldades que continuarão surgindo ao longo de suas vidas, podem começar a percorrer o árduo caminho de se ajustar à disciplina necessária em todo processo de aprendizagem.

---

5. *Link*, como conceito, aparece na obra de Pichon-Rivière, mas é utilizado de uma forma completamente diferente e não em relação ao conceito de personalidade *link*.

Os *links* aprendem a perceber que recusar tudo, recusar depender de alguém, recusar aprender com os outros, recusar obedecer e aceitar as regras de jogos que não foram inventadas por eles não os torna mais fortes. Muitas vezes, essa obstinação em ser exclusivamente "à minha maneira" os torna mais fracos. E, acima de tudo, precisam perceber que rejeitar constantemente o que os outros oferecem por medo de submissão ou de se perder não traz paz, mas os deixa sozinhos e mais frágeis.

Para se permitir perceber que aprender com os outros não é uma desvantagem, precisam entender que suas formas camaleônicas de ser, seus diferentes personagens internos, suas intuições por empatia global não os condenam a ser apenas um curinga que existe como um peão a ser manipulado nos jogos dos outros. Pelo contrário, precisamente *porque* são *link*, têm a vantagem de unir elementos díspares de diferentes universos e o poder de criar outros novos.

4. Natureza *vs.* Cultura

O conflito Natureza-Cultura não pode ser mais evidente do que nos indivíduos *links*. Aqueles que percorrem a vida por um caminho menos conflituoso experimentam pouca ou nenhuma tensão entre sua natureza e sua criação. Os *links*, no entanto, devem constantemente lidar com o cabo de guerra interno entre sua natureza e a criação que recebem. Essa dicotomia afeta profundamente a necessidade de integridade e harmonia. Ou seja, devem lutar entre o que sabem instintivamente, no fundo de seu ser (por meio de sua extraordinária capacidade de empatia camaleônica e forte intuição), e a certeza inexplicável de que a cultura não lhes fornece a resposta que precisam, pois sabem desde muito jovens que não existe uma verdade absoluta: uma única lei, regra ou modo de vida que possa ser completamente confiável como desejariam.

A "natureza" permite às pessoas *links* saberem que aproveitar os sentimentos que advêm da demonstração de bondade para com os outros (que proporciona uma sensação de pertencimento e conexão) é tão bom quanto desfrutar dos sentimentos estimulantes que surgem de sua própria força (que proporciona uma sensação de independência e liberdade). O conflito de identidade fundamental para as pessoas *links* é que elas rejeitam (por natureza) serem domesticadas (por meio da criação e dos determinantes socioculturais) e, portanto, não conseguem acessar os benefícios de serem "mansas" em vez de rebeldes obstinadas, o que as ajudaria a não se sentirem marginalizadas como selvagens ou más. Elas poderiam se sentir simplesmente diferentes, assim como se sentem as pessoas que se definem como artistas.

A confiança é muito importante para as pessoas *links*. Elas precisam aprender a confiar nas figuras de autoridade em suas vidas — na maioria das vezes, seus pais. Em vez de rejeitá-los porque não recebem o abraço preciso que anseiam, precisam aprender a agradecer pelos abraços parciais que recebem. Essa confiança só pode existir se as crianças *links* sentirem que seus pais demonstram estabilidade, certeza e confiança em suas formas de criá-las e de cuidar delas, em oposição a incertezas ou vacilações e contradições incoerentes relacionadas ao estabelecimento de limites ou expectativas. Portanto, é extremamente importante que os pais e outras figuras de autoridade ajam com confiança, assumam sua legitimidade como boas autoridades parentais e sintam e ajam com a certeza de que é necessário impor limites a uma criança *link*, mesmo que ela os rejeite. A melhor maneira de reduzir a resistência da criança é enfatizar as coisas positivas e criativas que ela consegue fazer por conta própria precisamente por ser um *link*, um "conector", um "unificador", mesmo que ela nem perceba que é isso que ela é.

A maioria dos *links* é atormentada pela síndrome do impostor. A falta de confiança, a ansiedade, as dúvidas sobre seus pensamentos, habilidades e conquistas, o diálogo interno negativo, os sentimentos de inadequação, a insistência nos erros do passado e a sensação de insuficiência são sentimentos que acompanham as pessoas *links* por muito tempo. A atitude de "eu sei", "posso fazer isso sozinho", "não preciso de ajuda" é um mecanismo de defesa contra seus medos mais profundos de que a verdade seja o oposto. Mas esses sentimentos contraditórios – os associados ao medo e à ansiedade e os associados à confiança e aos comportamentos de "sabe-tudo" – são completamente sinceros.

É importante entender que as pessoas *links* não são narcisistas nem têm egos desmedidos. Seus egos são nada mais, nada menos que um *link*, um lugar de vazio perpétuo que só faz sentido se unir elementos opostos de maneira harmoniosa. Portanto, elogiá-los ou enfatizar o positivo não os transformará em pessoas insuportáveis e pedantes, desde que esses elogios sejam acompanhados pela oferta de novos desafios. Os *links* precisam sentir que suas conquistas individuais estão alinhadas com as necessidades da comunidade, e honrar os processos de aprendizado e as experiências de pessoas que estão ou estiveram em suas vidas. Isso é essencial para que as pessoas *links* entendam o conceito de ser um indivíduo e ser parte de uma comunidade ao mesmo tempo. Ser "para mim" e "para o outro" simultaneamente, e chegar ao ponto onde possam aceitar sua própria vulnerabilidade sem medo de mostrá-la permite que desfrutem de relacionamentos baseados em cuidado e transparência mútua. Esses relacionamentos trazem consigo o sentido de Lar que proporciona às pessoas *links* uma sensação de calma interna e tranquilidade em relação a quem são no mundo.

Capítulo 12

O vício da busca

Muitas vezes, quando as pessoas *links* atingem uma meta ou concluem um projeto de forma satisfatória, a inquietação e a sensação de tédio reaparecem. Outras vezes, é o medo do vazio, do buraco negro, das perguntas inquietantes sobre "o que estou fazendo aqui, qual o sentido da vida, qual o sentido da minha vida" que as tortura de forma aguda. Se não estão criando algo novo ou não conseguem agir sobre uma nova ideia, sentem-se infelizes. A necessidade de fugir, de iniciar imediatamente outra aventura, de inaugurar um novo capítulo em suas vidas torna-se presente como a única saída salvadora. Esse padrão de afirmação e sucesso seguido por sentimentos de tédio (depressão) e inquietação é típico das pessoas *links*. Para a maioria das pessoas, receber elogios ou atingir metas desejadas é garantia suficiente de que estão no caminho certo. O "sucesso" legitima seus rumos de vida. Já para as pessoas *links*, mesmo após receberem grandes elogios, o sentimento de sucesso ou legitimidade desaparece quase imediatamente. É temporário, é transitório. Parece que obedecem à ordem interna de buscar sempre algo novo, com a esperança de encontrar sempre algo (lugar, pessoa, projeto) que lhes proporcione a paz tão desejada.

Essa necessidade urgente de encontrar novas experiências (na forma de um novo emprego, um novo relacionamento, um novo lugar para morar etc.) é o que chamo de "vício da busca". O desafio final e muito difícil para o *link* é, justamente, saber quando parar.

É fundamental que reconheçam que, quando fogem acreditando que o que procuram é o sentimento de euforia (alegria da adrenalina) que lhes dará o que precisam, estão, na verdade, fugindo do medo do vazio, da solidão; fugindo da falta de confiança na incondicionalidade do ser. Winnicott fala da diferença entre a incondicionalidade do ser, dada pela aceitação total que o bebê recebe quando se sente aceito e amado como é, e a aceitação parcial que a criança aprende quando entende que será aceita com base no seu desempenho na quantidade e na qualidade do fazer.

As pessoas *links*, a partir da experiência traumática infantil que as conecta demasiado cedo com a condicionalidade da vida, não conseguem se estabelecer completamente em uma identidade, em uma forma de existência onde a confiança na permanência lhes permita estar em paz em qualquer lugar onde se encontrem. Para elas, o presente, mais do que uma garantia de tranquilidade, parece ser uma promessa de confinamento. Incorporar e integrar continuamente, a cada momento do processo de viver, o que acabaram de aprender é fundamental para não terem de "fugir" da depressão que se confunde com tédio. Este saber quando parar, mesmo que seja vivido como uma resignação a uma vida medíocre, é o que as pessoas *links* precisam aprender para tecer de maneira integrada suas duplas necessidades de pertencimento e liberdade, da permanente incondicionalidade do ser e da transitória condicionalidade do fazer.

Quando precisam parar sua busca, mesmo que momentaneamente, as pessoas *links* sentem medo. Perguntam-se o que acontecerá se suas invenções se esgotarem e desaparecerem. É verdade que criam, às vezes em suas vidas, momentos únicos, sublimes e mágicos. É verdade que conseguem transformar situações comuns em extraordinárias. Contudo, não têm ideia de como fazem isso. Portanto, não sabem se conseguirão recriar esses momentos mágicos, seja para os que amam e apreciam esses momentos, seja para si mesmas, uma incerteza que as faz sentir medo. Para os *links*, repetir a magia significa perder a magia, pois se perde o sabor do inesperado, do surpreendente, do novo, algo que transcende os limites do tempo e do espaço. A ausência dessa sensação é aterradora.

Esse medo do fracasso está intrinsecamente ligado ao medo de decepcionar os outros e de não estar à altura das expectativas. Isso os leva a sentir que precisam "escapar" de onde estão para fazer desaparecer o medo avassalador, que, por ser insuportável, tentam anestesiar à custa de sufocá-lo e não ouvir o que o medo está tentando dizer.

No entanto, dada a incapacidade de admitir que estão com medo, as pessoas *links* usam a desculpa de culpar alguém para justificar sua fuga. Culpar outro e atribuir ao tédio o desejo de ir embora lhes permite não enfrentar a tremenda dificuldade que têm para incorporar uma única identidade. Identificar toda sua identidade com apenas uma parte de si mesmas é sentido como uma morte espiritual, um assassinato dos outros "eus" que clamam para serem expressos, revelados e também legitimados. Dado o medo de que seu verdadeiro eu desapareça e deixe de existir ao se comprometerem com uma única tarefa por muito tempo, as pessoas *links* encurtam os processos de suas vidas, movendo-se rapidamente de uma busca para a próxima. Esse medo existencial, junto com o medo de falhar e decepcionar os outros, as impulsiona a fugir do sucesso que desfrutaram e das exigências e responsabilidades que isso acarreta.

Em todos os vícios, o elemento de gratificação imediata ou alívio instantâneo é fundamental para desencadear, incutir e perpetuar um comportamento impulsivo que se apodera da capacidade de tomar decisões sensatas e bem fundamentadas. Para os *links*, o processo de pensamento inconsciente é assim: "Não *sou eu que escolho fazer isso. Pelo contrário, é o objeto do meu desejo o que me atrai como uma serpente tentadora ou o canto de uma sereia, que me faz fazer isso*".

1. Encontrando o estado de "fluxo"

No caso do "vício da busca" das pessoas *links*, o que proporciona gratificação e alívio instantâneos é o estado de fluxo (*flow*), aquele espaço profundamente gratificante, mas lamentavelmente fugaz, que lhes permite exercitar a capacidade de alcançar conexões ou encontros perfeitos. Nesses encontros, podem ser, ao mesmo tempo, para si mesmas (liberdade) e para o outro (pertencimento), momentos em que ocorre a combinação harmoniosa de diferentes elementos. Para os *links*, a busca por esse estado de fluxo que lhes dá a sensação de terem chegado em Casa é o que gera a necessidade de se envolver permanentemente em algo novo. A experiência da novidade permite-lhes alcançar de forma interminável um momento "aha!" ou um "*eureka*" de descoberta: "que alegria, me aceitam como sou".

O conceito de *flow*, desenvolvido por Mihaly Csikszentmihalyi (1990), caracteriza-se por uma completa absorção no que se está fazendo e a consequente perda do sentido de espaço e tempo. Esse estado de *flow* é criado na relação específica entre as próprias habilidades e os desafios da atividade na qual a pessoa decide se concentrar. Colocar em prática essas habilidades naturais para superar os desafios que surgem em um determinado processo, e manter um equilíbrio delicado entre, por um lado, o risco de entrar na zona de ansiedade (estresse) porque os desafios parecem ser muito maiores do que as próprias habilidades e, por outro lado, o risco de entrar na zona de tédio (falta de interesse) porque os desafios são muito pequenos para as habilidades; tudo isso faz parte da experiência de *flow*.

Qual é a habilidade que as pessoas *links* consideram que é mais característica delas, aquela que lhes permite estar nesse estado de *flow* tão confortável? É a compreensão de uma ampla gama de experiências (sentimentos, diferentes formas de comunicação etc.), surpreendendo os outros e a si mesmas com sua tremenda capacidade de encontrar conexões incomuns, descobrir detalhes imperceptíveis para um olho menos treinado e experimentar essas sensações de plenitude e transcendência, geralmente inefáveis devido à sua surpreendente singularidade. No entanto, quando essas associações ocorrem apenas no campo das relações humanas, podem ser vivenciadas pelo outro como uma invasão de privacidade, como uma demanda desmedida de comprometimento emocional.

As pessoas *links* sentem-se constantemente em risco de se afogar em um mar de perguntas, dúvidas, medos, conflitos, contradições, inseguranças e incertezas: as correntes mutáveis que formam e personificam a singularidade desses indivíduos. Buscar uma margem para desembarcar, chegar em Casa, é o objetivo de todos os buscadores. Casa significa o refúgio seguro, o lugar tranquilo onde você pousa e que confirma que não estava louco por participar da busca que o levou até lá. Cada vez que um buscador experimenta a sensação de fluxo, ele se sente em Casa, esse lugar harmonioso que busca, onde ele é apenas um, integrado. No entanto, paradoxalmente, ele sente que só existe plena e verdadeiramente enquanto está buscando.

Lembremos que as pessoas *links* estão sobrecarregadas por um sentimento de angústia metafísica devido à consciência constante dos limites do tempo (morte) e do espaço (solidão), além da necessidade de encontrar um sentido para a vida e uma maneira de se inserir no mundo. Buscar o lugar de tranquilidade, o ponto de equilíbrio que estabiliza a agulha nas muitas escalas que precisam ser equilibradas simultaneamente, pode se tornar viciante, e, de fato, o risco de viciar é quase constante.

Lembremos também que a maneira como os *links* resolvem problemas é por ensaio e erro, e a forma como aprendem é por meio do pensamento indiciário: seguindo pistas que só se revelarão como as corretas (em oposição às falsas) se, e somente se, alcançarem seu destino. Então, o que é melhor do que estar sempre no início de uma nova busca, quando o processo de conectar os pontos, de dar sentido aos sinais e pistas produz a sensação de ser capaz de triunfar? O que é melhor do que ser sempre o único, o primeiro, o pioneiro, o que escapa das comparações insultantes e pode se mover com a liberdade de ser "único em seu gênero"? O que é melhor do que exercitar a capacidade de compreender rapidamente uma situação complexa que exige inúmeras interpretações simultâneas para que seja possível esquecer as dolorosas conversas internas que lhe dizem que você nunca é "bom o suficiente" em atividades mensuráveis?

Esses momentos de *flow* perfeito só estão presentes no início de uma busca, no início de uma nova tarefa, de um novo relacionamento ou de um novo desafio. Quase imediatamente depois, é inevitável que a pessoa *link* sinta ansiedade e/ou tédio. Os processos de aprendizagem, afinal, não são lineares, mas cheios de altos e baixos, platôs, erros e, potencialmente, alegria, quando finalmente se entende ou se domina algo. Para as pessoas *links*, a tristeza de admitir um erro ou admitir que não sabem alguma coisa (o que implica depender de alguém que sabe mais do que elas), não é apenas a frustração, a decepção ou a tristeza normais que a maioria das pessoas experimenta, mas a sensação de não existir, de ser dependente para sempre, de ser um fracasso total, de ser devorado vivo pelo buraco negro do nada.

2. Da onipotência ao desespero

Mais do que tudo, essas pessoas se sentem más e culpadas. Isso ocorre porque, ao iniciar um determinado processo, precisam convencer a si mesmas de que podem fazê-lo sozinhas. Tentam fazer com que o outro desapareça de suas vidas para se firmarem em sua liberdade criativa. Acreditam que já sabem – sem a necessidade de aprender – como fazer o que se propõem. Sua capacidade de imaginação, aliada à capacidade de compreender uma cena por meio da empatia global, é tão poderosa que as faz sentir que um problema já está resolvido. Mas quando enfrentam uma dificuldade ou um obstáculo que causa frustração ou a necessidade de abandonar o que estão fazendo, passam de uma sensação de todo-poderoso a uma sensação de completa impotência. Esse sentimento está ligado ao medo, porque percebem que 1) não sabem como fazem o que fazem; e 2) podem fazê-lo uma vez, mas não têm certeza de poder repeti-lo porque não entendem a metodologia ou os passos necessários para realizar a ação. Não têm paciência para dedicar o tempo necessário para aprender os passos, embora isso lhes permitisse entender como realizaram a ação e garantir que não operam simplesmente à mercê da sorte. A impotência e o medo que tudo isso provoca as fazem sentir raiva, o que as leva a culpar aqueles ao seu redor por seu fracasso. Isso, por sua vez, as faz sentir culpadas e "más" por terem atacado os outros.

Confundem o fato de serem mais potentes do que a maioria das pessoas em algumas áreas da vida com sentirem-se onipotentes em todas. Essa sensação de onipotência surge da falta de conhecimento de seus próprios limites e da recusa em se submeter aos limites impostos pela realidade. Uma das formas de autossabotagem dessas pessoas – que são efetivamente mais poderosas do que outras, pois desde a infância enfrentaram situações com as quais souberam lidar melhor que seus pais, professores ou adultos responsáveis por elas – é agir como se realmente nunca precisassem de ajuda, como se nunca precisassem aprender ou ouvir os outros. Como se a única verdade fosse aquela que sustentam. Por que isso é uma autossabotagem? Porque a onipotência é o limite do poder. Quando a realidade freia o desejo e é mais forte do que a criatividade e a força de vontade, mas esse limite não é aceito, quando não se tolera o "não" implacável que nos lembra da humildade de ser (apenas) mortais humanos, mais rápido chegará a sensação de impotência. E mais intensos serão os sentimentos de humilhação e vergonha por terem "acreditado" serem mais poderosas do que a morte.

Isso se manifesta, entre outras reações possíveis, como a síndrome do impostor: o medo de ser descoberto como uma farsa, como alguém que finge ser algo que não é. A autossabotagem que os *links* sofrem, e que age exagerando o seu poder até transformá-lo em arrogância, se deve, justamente, à culpa de se sentirem mais capazes do que aqueles que os rodeiam. Sentir-se mais capaz que todos gera um sentimento de solidão e desamparo tão grande que a impotência traz o alívio de precisar contar com a ajuda dos outros. Humilhação, vergonha, sensação de desvalorização absoluta tingem as emoções dessas pessoas quando a realidade as confronta com a finitude que tentam superar desde a situação traumática da infância, e que, com sua enorme capacidade em algumas áreas e com a capacidade de empatia global, muitas vezes conseguem superar. O desafio de vencer o limite, de vencer as limitações de tempo e espaço, de superar a solidão existencial do ser humano, é um estímulo central na vida dessas pessoas.

Para as crianças *links*, os limites não representam uma contenção ou restrição necessária e desejável projetada para protegê-las e ajudá-las durante um processo de aprendizagem. Em vez disso, os limites se transformam em uma condenação à quietude, à sensação de finitude, de impotência e de morte.

Isso acontece porque não aprenderam a saber o que sabem. Não conseguem descrever o que sabem de uma maneira que as faça sentir que podem confiar no conhecimento que acreditam possuir. Portanto, não conseguem transformar suas ideias, que podem ser brilhantes e maravilhosas, em projetos tangíveis que tornem sua criatividade e inteligência visíveis para o mundo. Também não conseguem passar pelos processos de aprendizado necessários para alcançar a confiança e a maestria que buscam, porque não conseguem tolerar a contradição interna e a tensão entre saber algo rapidamente (como fazem, por meio da intuição e da empatia global) e aprender algo pensando cuidadosamente a respeito, o que vivenciam como uma lentidão insuportável. Muito rapidamente, caem em desespero. Abandonam suas ideias e podem se tornar apáticas e paralisadas, anestesiadas e entorpecidas. Em alguns casos, até mesmo podem contemplar o suicídio como uma forma de escape.

Embora possa parecer o contrário, as pessoas *links* não acreditam em si mesmas. E, se acreditam em uma parte de si mesmas, sentem que estão traindo outras partes. O mecanismo de defesa contra esse sentimento constante de dúvida e insegurança é lançar-se ao risco e à ação sem parar para pensar, porque em algum nível acreditam que, se o fizerem, ficarão para sempre paralisadas pelo medo do fracasso e/ou medo de serem acusadas de traição. Essa maneira de avançar, como uma forma reativa de manter o perigo a distância, as leva a adotar posições impositivas típicas de pessoas que nunca pedem permissão para fazer o que querem fazer.

Desde a infância, as pessoas *links* têm dificuldade em aprender com os outros. Elas têm dificuldade em estabelecer boas relações com figuras de autoridade que desempenham o papel de professores. Mas isso também se estende à dificuldade de serem mestras de si mesmas. Os *links* começam a tentar aprender quando decidem que é hora de tentar uma mudança, seja porque sofreram muitas feridas e dificuldades ao longo da vida seguindo apenas o método de ensaio e erro, por teimosia em fazer as coisas ou por não terem conseguido superar de forma paradoxal as contradições entre o medo que reprimem e a temeridade que os impulsiona à ação sem precauções.

Esse momento é crucial no desenvolvimento dessas pessoas. O ponto de partida é a tristeza, o reconhecimento de que não podem continuar assim, que o nível de sofrimento é maior do que a capacidade de tolerá-lo. No entanto, a depressão precisa ser acompanhada de compaixão por si mesmas. Entendemos compaixão como a capacidade de se amar o suficiente para tentar curar as feridas e não se punir pelos erros a ponto de cair na melancolia. Essa compaixão anda de mãos dadas com o respeito por si mesmas, pela coragem que demonstraram até aquele momento, pela valorização da obstinação em encontrar suas próprias verdades e, acima de tudo, pelo amor e pela gratidão por aqueles que as acompanharam apesar das dificuldades em se deixar abraçar, que caracterizaram a fase anterior à aceitação das vantagens da dependência. E o terceiro momento dessa mudança de atitude se manifesta no desejo de confiar. Confiar nos outros porque podem confiar em si mesmas e confiar em alguns aspectos do mundo tangível porque podem confiar na vida intangível.

Então, sim, os *links* podem ser bons professores de si mesmos. Podem escolher uma pessoa de quem aprender, a quem pedir ajuda, de um lugar em que são eles mesmos que dirigem o processo de aprendizagem. A aprendizagem não ocorre a partir de uma dependência e entrega total ao que o outro ensina, mas de um ato voluntário, da possibilidade de escolhas autônomas que tornam desnecessária a independência total para se sentirem livres. Lentamente, mas de forma persistente, começam a estabelecer hábitos que lhes devolvam a capacidade de acreditar em si mesmos, de se amar, de confiar que são capazes de repetir atos desejáveis, de que são capazes de controlar suas reações de rebeldia, raiva e isolamento quando enfrentam dificuldades para entender, ser entendidos ou compreender a si mesmos.

Começam a entender que o vício da busca é motivado pelo medo — o medo de não poder, de não saber, de não pertencer, de não ser amado, de não ser amável, de ser muito diferente e de não "se encaixar" ou "caber" em nenhum abraço. Também começam a entender que esse hábito viciante pode ser substituído por um comportamento que escolhem livremente para solidificar o sentimento de credibilidade, de confiança. Apesar das dúvidas ou, melhor dizendo, graças à possibilidade de decidir a partir do diálogo entre seus desejos contraditórios, podem escolher. Podem ficar porque sabem que podem partir. Podem se deixar abraçar e abraçar a si mesmos por inteiro porque sabem que as contradições lhes permitem conjurar suas ações no "e", em vez de se dilacerarem entre os múltiplos "ou" que os desintegram.

A autossabotagem das pessoas *links* é inevitável se adotarem a atitude de onipotência, baseando sua confiança em acreditar que sabem tudo, sem perceber que isso não é necessário. Se, ao contrário, puderem confiar em si mesmas porque aceitam que sabem mais do que se espera que uma pessoa de sua idade ou formação saiba, mas não sabem tudo o que um especialista ou alguém que estudou sobre o assunto sabe, podem utilizar um poder acima do normal sem terem de chegar à prepotência que gera a síndrome do impostor, ao medo de serem descobertas naquilo que não conhecem.

Quando os *links* reconhecem a medida certa de seus poderes, podem começar a superar os sentimentos de impotência, medo e culpa. Podem começar a entender o que sabem e, ainda melhor, podem começar a desvendar seus saberes e transformá-los em conhecimentos. Dessa forma, também podem ser reconhecidos por outros, sem a necessidade de representar um personagem seguro de si mesmos ou de se punir por terem exagerado em seus poderes.

O vício da busca, a impossibilidade de permanecer em algum lugar, relacionamento afetivo, emprego ou pertencimento social que seja satisfatório também pode ser decorrente de um mal-entendido ético. Serem amados, aceitos, reconhecidos pelo outro os condena a ter de ser sempre como eram quando ocorreu a aceitação, o que os impulsiona a partir imediatamente para não decepcionar depois. A ideia de não poder retribuir ou corresponder o amor que recebem, e de trair esse amor, os aterroriza. Preferem provocar a rejeição e ser deixados de lado ou abandonados, e mostrar que não são dignos deste privilégio de serem amados, a "roubar" algo que sentem que não merecem ou que consideram exagerado ou usurpado.

Quando os *links* conseguem ser aceitos como são – sem impor suas ideias com prepotência ou, no caso das crianças, sem manipular com birras ou acessos de raiva enlouquecedores – se ainda não se sentem bons o suficiente, se ainda estão atormentados pela culpa paranoide, pode acontecer de não tolerarem a conquista que alcançaram legitimamente. Lembremos que desde crianças lutaram contra os sistemas desobedecendo ordens e se colocando como "vítimas" dos poderosos "maus". Se sentirem que "chegaram", têm medo de se tornarem os " poderosos malvados". Não querem perder o privilégio de serem aqueles que acusam, denunciam e apontam as inconsistências dos sistemas, mesmo que assumir esse papel possa significar ficar de fora. Estar dentro, claro, ao mesmo tempo que proporciona um senso de pertencimento, também significa que precisam aceitar as regras estabelecidas do jogo, ainda que essas regras sejam ditadas por eles mesmos. Aceitar qualquer regra – até mesmo as próprias – fá-los sentir sufocados, pois ainda se sentem presos e privados da liberdade absoluta que anseiam. Portanto, as pessoas *links* negociam continuamente entre, por um lado, sua necessidade de liberdade e a capacidade de viver autenticamente como seu "verdadeiro" eu e, por outro lado, sua necessidade de pertencer, de serem aceitas e amadas.

O vício da busca está relacionado às dificuldades de tolerar e resolver as dúvidas sobre quem são a cada momento: aquelas que querem ficar e devem assumir o compromisso de aceitar as regras estabelecidas que garantem o pertencimento, ou aquelas que querem partir e devem assumir a responsabilidade pela solidão que acompanha a liberdade irrestrita.

3. Transtorno do Déficit de Decisão (TDD)

O TDD (Transtorno do Déficit de Decisão) que caracteriza as pessoas *links* é consequência da dificuldade que têm em chegar a conclusões ou tomar decisões, devido aos longos períodos dedicados a pesar os prós e os contras de todas e cada uma das múltiplas opções que testemunharam e absorveram ao longo de toda a vida. Para as pessoas *links*, desde a infância, todas as possibilidades são igualmente viáveis e possíveis.

Não se trata de um déficit de atenção, pois são capazes de uma concentração acima do normal quando algo lhes interessa. Trata-se de uma incapacidade de decidir para onde desejam direcionar essa atenção. Apesar da redundância, têm dificuldade em decidir onde interromper a busca incessante por aquele momento de paz interna perfeita tão desejada.

As pessoas *links* sabem que cada uma das opções é boa em alguns aspectos e ruim em outros, mas essa forma relativista de pensar e perceber o mundo é, precisamente, o que leva à incapacidade de avançar com uma ideia, comprometer-se com um único propósito ou plano, ou determinar qual é o plano de ação correto em qualquer situação.

Os *links* desejam viver em um ambiente harmonioso e livre de conflitos. Anseiam por uma espécie de paraíso, um lugar perfeito onde todos sejam felizes, onde não sejam acusados de serem mesquinhos ou maus, nem criticados por seus comportamentos ou escolhas. Desejam um lugar onde possam ser quem são para si mesmos e para os outros, onde não se sintam nem sejam acusados de hipócritas se algumas partes de si mesmos não estiverem incluídas naquele tempo e espaço específicos, onde não se sintam nem sejam acusados de maus se expressarem alguns dos muitos pensamentos que passam por suas mentes e que não coincidem com as ideias dos outros.

Dadas essas crenças sobre si mesmas e sua relação com o ambiente e as muitas situações que surgem na vida, é quase inevitável para as pessoas *links* se convencerem de que sair de uma situação em que se sentem aprisionadas pelas dúvidas é um ato essencial de sobrevivência. No entanto, como qualquer decisão tomada a partir do comportamento impulsivo e incontrolável que caracteriza o vício, as pessoas *links*, sem perceber, abandonam uma parte de si mesmas. Poderiam, no entanto, abandonar ou manter os melhores elementos de cada opção (liberdade e pertencimento) se tomassem a decisão a partir do comportamento reflexivo que caracteriza uma avaliação precisa da situação. A decisão de interromper a dependência da busca e superar o transtorno do déficit de decisão é possível a partir da aceitação de si mesmas, a partir do abraço preciso, compassivo e lúcido, no lugar onde as contradições internas mais doem.

Se os *links* conseguirem identificar, em cada situação, o que necessitam para se sentirem em paz, encontrarão a Casa que procuram, esse espaço de calma onde o encontro com o olhar do outro os faz sentir normais, compreensíveis e compreendidos, além de abraçáveis, amáveis e amados. Esse abraço preciso, o gesto de amor que envolve uma pessoa *link* e a faz sentir-se boa (nem má nem culpada) e confortável (em vez de inadequada e ansiosa), é o que permite a essa pessoa "sentir-se sentida", cuidada no lugar exato onde se sente ferida ou magoada.

Esses desejo e sonho de totalidade das pessoas *links* têm suas raízes na necessidade de uma sensação de integração interna livre de dúvidas ou conflitos entre as diferentes partes de si mesmas. O sentimento de integração é o eixo central da Casa que procuram. Sentir-se confortáveis consigo mesmas e com o mundo, sem o medo constante de serem acusadas de terem feito algo errado, sem o sentimento constante de culpa ou inadequação social, proporciona-lhes a tão esperada sensação de paz. Sensação de ter chegado em Casa, uma Casa que o acompanhará sempre, quer fique ou vá embora.

Capítulo 13

As 10 etapas do processo de mutação

Este capítulo explicita o que chamo de processo de "mutação". Refere-se ao processo transformador que experimentaram muitas pessoas que acompanhei em seu trabalho para encontrar a paz que buscavam, um final feliz.

Esse processo de transformação começa quando as pessoas *links* decidem tomar a decisão (vale a redundância) de parar a busca e controlar a impulsividade inerente a qualquer vício. Podem parar porque deixam de ter tanto medo. Aceitam suas múltiplas necessidades e começam a acreditar que é possível que suas múltiplas partes internas entrem em acordo, apesar de suas diferenças. Começam a confiar que podem encontrar a paz da integração tão desejada; a integração que alcançam quando entendem que os paradoxos são uma excelente forma de resolver contradições que parecem insolúveis quando se tenta resolvê-las a partir da raiva e da fúria em vez de fazê-lo a partir da compaixão e do amor por si e pelos outros.

Se as pessoas *links* compreenderem e aceitarem a sua complexidade psicológica, o trabalho que terão de realizar para encontrar o seu lugar no mundo continuará a ser difícil, mas será menos doloroso. Se, pelo contrário, se sentirem sobrecarregadas por dúvidas, medos, culpa, angústia e raiva, deverão aprender primeiro a dar a si mesmas o abraço preciso que as ajude a aceitar sua *"linkidade"* e transformá-la em algo positivo, criativo e original, que beneficie a elas e aos que as rodeiam, em vez de se envergonharem ou se punirem por serem como são. Ou seja, mutar. Tomo emprestada a linguagem da biologia, que se refere às mudanças genéticas que tornam um indivíduo diferente da espécie a que pertence.

As mudanças que experimentam durante o processo de mutação não precisam ocorrer em nenhuma ordem específica. Cada pessoa *link* vivencia seu próprio processo de aprendizado por meio das jornadas físicas e simbólicas em que se envolve. No percurso de suas vidas, os *links* enfrentam muitos desafios e se enriquecem com as oportunidades que surgem ao lidar com diferentes tipos de pessoas, culturas, situações de vida e trabalhos. Em resumo, a diversidade externa permite que reconheçam semelhanças e diferenças em relação a outras singularidades. É apenas o processo de reflexão, de aprofundamento naquilo que foi vivido, de "estudo" para compreender o que aprenderam sobre si mesmos em cada uma dessas experiências, que faz com que essas experiências não sejam vividas em vão.

Essas experiências constituem a base de dados que resultará em uma cartografia que organiza de maneira compreensível o necessário para ser, ao mesmo tempo, para si mesmo e para o outro, a fórmula própria que articula simultaneamente a necessidade de liberdade e de pertencimento. Esses encontros oferecem a um indivíduo *link* a possibilidade de se transformar em alguém que possa usar sua capacidade de empatia global como uma bênção para todos e não apenas uma maldição para si mesmo.

Quando os *links* emergem do outro lado do processo de mutação, são capazes de reconciliar a necessidade de serem livres e a de pertencer, aparentemente contraditórias. Podem viver de uma maneira que lhes permita encontrar pessoas, grupos, trabalhos e instituições que estejam alinhados com o que têm a oferecer. Podem pedir exatamente o que precisam e ser escolhidos por serem exatamente quem são. São capazes de experimentar a alegria e a reciprocidade ao encontrar pessoas que podem lhes dar o que pedem, e mostrar gratidão pelo que recebem delas.

As pessoas *links* podem atuar como um inestimável "elo perdido", podem ser membros valiosos de qualquer comunidade. Uma vez que experimentam as transformações internas que são descritas abaixo, podem viver uma vida em que se sintam confortáveis consigo mesmas e desfrutem de uma sensação de integridade que lhes proporciona a paz tão desejada.

1. Dez passos da mutação

Para encontrar a sensação de tranquilidade consigo mesmas, as pessoas *links* precisam experimentar 10 passos ou "passagens".

1. *Aprender a tolerar a solidão* que vem do sentimento de que os outros não as entendem, o que as faz sentir que não recebem o que precisam das tentativas dos outros de amá-las ou cuidar delas. A mutação consiste em saber qual é o abraço preciso que as acalma. A mutação, nesse aspecto, envolve descobrir o lugar preciso onde não se amam, não se gostam, não se compreendem, nem se abraçam para enten-

der que buscam ser abraçadas, aceitas e compreendidas onde mais dói. Quando não recebem esse abraço de fora, precisam aprender a suportar o sentimento do abismo, do vazio que vem de não "se sentirem sentidas" pelos outros (*"feeling felt"*, frase cunhada por Daniel Siegel (2012)), inclusive e especialmente por aqueles que as amam e a quem mais amam. Devem aprender a acalmar essa dor dando a si mesmas o abraço preciso, aquele que as aceita como são.

Aprender a viver na solidão é extremamente difícil para as pessoas *links*, porque a sua identidade até agora esteve completamente entrelaçada com a de outras pessoas em uma relação simbiótica, produzindo uma intimidade que, para as pessoas *links*, é estimulante. Estar separada dos outros, tanto física quanto existencialmente, pode ser insuportável. O que pode ajudá-las a tolerar a solidão é compreender que existem outros como elas, o que lhes permite saber que, mesmo que se sintam sozinhas, não estão sozinhas. Outros passaram pelas mesmas provações e desafios que enfrentam.

2. *Aceitar aqueles aspectos de si mesmas que temem e/ou não gostam.* Podem buscar o abraço que precisam depois de darem o primeiro passo para se perdoarem por sua maneira de ser e tolerarem ser diferentes do que supõem que deveriam ser. Precisam fazer isso sem se punirem e sem sentirem necessidade de acusar os outros de serem maus, ignorantes ou muito convencionais porque não as entendem. Esse passo é fundamental para remover a marca de condenação que acreditam carregar, que é a de serem más, e transformá-la em serem simplesmente diferentes. Isso lhes permite compreender que não são pessoas insensíveis, incapazes de amar, mas que amam de maneira diferente, percebendo as incoerências dos outros. A mutação consiste, nesse aspecto, em reconhecer que podem amar o outro sem a necessidade de cegueira intelectual, que muitas vezes é confundida com amor incondicional. Ao aceitarem as suas próprias falhas — a sua incapacidade de tolerar a frustração; suas dúvidas internas que, embora permaneçam ocultas, as torturam e as deixam inseguras; a sua maneira exigente de estar consigo mesmas e com os outros na busca da perfeição, da realização e da plenitude – podem começar a dar-se o abraço preciso de que necessitam, com compaixão por si próprios e por aqueles que as amam.

Aceitar suas dificuldades e limitações sem se julgar é difícil para as pessoas *links* porque, desde a infância, foram severamente criticadas e rotuladas de loucas, más ou difíceis por não terem sido compreendidas. Abraçar suas diferenças sem criticá-las é um passo fundamental para poder se entender e se fazer entender sem a necessidade de fazê-lo a partir da raiva ou do medo.

3. *Aprender a distinguir entre as necessidades e os desejos próprios e os dos outros.* Para as pessoas *links* serem capazes de fazer isso, é preciso que reconheçam que são diferentes de todos aqueles com os quais, devido à empatia global, se sentem simbio-

ticamente conectadas e se identificam, o que faz com que incorporem aspectos da personalidade dos outros sem perceberem – a ponto de se comportarem como eles de alguma forma. Uma vez que reconhecem isso, geralmente precisam se afastar temporariamente das pessoas que amam. Essa separação é necessária tanto porque não podem ser completamente elas mesmas com seus entes queridos (porque sua empatia global as leva a não poder dizer "não" a algo sem ficarem zangadas) quanto porque precisam aprender a se ouvir verdadeiramente, distinguindo seus próprios sentimentos dos sentimentos alheios. A mutação, nesse aspecto, consiste em tolerar a tristeza da separação sem recorrer a constantes raivas e julgamentos. Este livro tem como objetivo fazer com que as pessoas que sofrem devido à sua capacidade de empatia global saibam que não estão sozinhas. Fazê-las saberem que existem outras pessoas como elas, que têm medo de desaparecer, de deixar de existir se ficarem sozinhas consigo mesmas. Medo que surge de não terem aprendido ainda, que compreender suas emoções lhes permitirá saber quem são antes, durante e depois do contágio das emoções alheias.

4. *Ser tolerantes e compreensivas quando outras pessoas não conseguem abraçá-las como desejam e precisam ser abraçadas.* A única maneira de fazer isso é primeiro assumir a responsabilidade por aqueles comportamentos que as tornam difíceis de abraçar. As pessoas *links* colocam os outros na posição de terem que lidar com seus "maus" comportamentos, o que mascara a profunda necessidade de serem cuidados emocionalmente. Antes de passar pelo processo de mutação, não admitem precisar de algo dos outros. Assumir a responsabilidade por serem difíceis de abraçar permite que comecem o processo de aprender a perdoar os outros por não lhes dar exatamente o que sentem que precisam em um momento de dor, angústia, confusão ou culpa. Em pré-mutação, as pessoas *links* precisam que os outros, especialmente as pessoas mais próximas e aquelas a quem amam e por quem desejam ser amadas, tolerem os comportamentos que surgem de sua confusão e contradições internas. Ou seja, que as ajudem no processo de aprender a tolerar a si mesmas. A mutação, nesse aspecto, consiste em perdoar aqueles que tentam ajudá-las quando não o fazem exatamente da maneira que exigem, contendo a intolerância, a frustração e a necessidade de respostas imediatas. Paciência (no sentido de aprender a ser equânimes), diz um provérbio, é a recompensa recebida por aqueles que têm paciência.

5. *Ousar "desaprender" a tendência de exagerar suas diferenças,* nas quais sempre se apoiaram para afirmar suas certezas. As pessoas *links* exageram seus comportamentos censuráveis, estranhos ou "diferentes" para se sentirem fortes e mais confiantes sobre seus sentimentos, pensamentos e ações. Precisam desaprender esses comportamentos, que tendem a provocar raiva, exasperação e rejeição dos outros, e confiar que não se tornarão convencionais, desinteressantes ou

não originais se abandonarem esses comportamentos. Precisam confiar que podem e continuarão originais e criativas, mas de formas que o mundo possa aceitar e até apreciar. Em suma, a mutação consiste em aprender que podem ser originais e "diferentes" sem agir de maneira que outros consideram "loucas" ou exageradas, o que impede que ambos apreciem os aspectos originais e criativos desses comportamentos.

Um dos motivos pelos quais as pessoas *links* exageram em suas diferenças é o mecanismo de defesa de identificação com o agressor. Isto é, "se os outros pensam que sou louco, então verão como é ser louco". Esse mecanismo de defesa dá a ilusão de estar no controle da rejeição dos outros. Essa forma de se proteger pode proporcionar um alívio momentâneo. Infelizmente, perpetua o doloroso sentimento de exclusão.

6. *Ousar "desaprender" os mecanismos de defesa* que sempre usaram para superar a confusão resultante de sua empatia global. Antes da mutação, quando as pessoas *links* sentem que é impossível ser a mesma pessoa para si mesmas e para os outros em qualquer situação, manifestam essa divisão interna em comportamentos censuráveis. A luta interior está enraizada no seguinte dilema: ser bom significa ser fraco, e ser forte significa ser mau. Essa luta as obriga a criar estratégias (arrogância, desafio, submissão, isolamento etc.) que lhes permitam sentir alguma certeza sobre sua identidade, mesmo que mostrem apenas um aspecto dela e não de todo o seu ser. Toleram ser os "maus" ou os "fracos" porque adotar essas formas de ser alivia a dor do sentimento constante de que sua individualidade é definida pela contradição, pela falta de definição e pela dúvida. Tentam encontrar realização em relações simbióticas nas quais a outra pessoa deve desempenhar o papel do aspecto de si mesmas que, na pré-mutação, as pessoas *links* não podem tolerar: o papel de ser o bom (porque serem boas faz com que se sintam fracas) ou o papel de ser o forte (porque serem fortes faz com que se sintam más). Mas isso não lhes permite se sentirem ou serem inteiras, nem une força e bondade de uma maneira única para elas como indivíduos.

Para as pessoas em geral, não apenas para as pessoas *links*, é difícil percebermos que nos sentiríamos melhor se aceitássemos que somos seres em relação com os outros e que nosso comportamento também é determinado pelo dos outros. Quando as pessoas *links* atribuem à outra pessoa o poder de ser "a má" (a forte) ou "a boa" (a fraca) na relação, em vez de assumir a responsabilidade de decidir quem podem e querem ser naquele momento, enfraquecem, pois não agem como sujeitos, mas como objetos totalmente dependentes das circunstâncias externas. A mutação, nesse aspecto, consiste em aceitar a parte de si mesmas que rejeitam porque as faz sentir desconfortáveis – a parte relacionada à raiva, à ira e aos sentimentos negativos que surgem quando não obtêm o que querem (pelo que culpam os outros). Essa mudança proporcionará mais liberdade, independência e alegria.

Da mesma forma, aceitar que se importam em serem queridas e apreciadas por suas boas qualidades, mesmo que isso as faça sentir fracas por precisarem da aceitação e aprovação dos outros, abrirá espaço para explorar seus atributos positivos que seus mecanismos de defesa não permitiram aflorar plenamente, como a colaboração, a doçura e a generosidade. A mutação permite que não se sintam fracas por precisarem da aceitação e aprovação dos outros.

Os mecanismos de defesa que as pessoas *links* desenvolvem desde a infância estão profundamente ligados à falta de tolerância às contradições internas. Eles surgem da tentativa de escapar da dor causada pela imperfeição da vida e pelo fato de que as pessoas que amam também são aquelas que as irritam quando não lhes dão o que querem, da maneira que querem e quando querem. Ou seja, preferem a dissociação clara entre o bem e o mal, o bonito e o feio, a vida e a morte, em vez de lidar com a tristeza das limitações impostas pela realidade. Desaprender os mecanismos de defesa que, em algum momento, foram úteis, mas que não contribuem para o crescimento pessoal, implica tolerar essa tristeza. Isso significa atravessar a depressão do desenvolvimento mencionada por Pichon-Rivière.

7. *Aprender a tolerar os próprios defeitos para poderem ser éticas e não desqualificar o outro.* Antes de passarem pelo processo de mutação, crianças e adultos *links* frequentemente confundem ser ético e buscar a justiça com julgar, o que muitas vezes se manifesta em autoacusação e acusação aos outros quando sentem que fizeram algo errado. Acusar e sentir-se acusado caracterizam comportamentos relacionados à culpa paranoide. Para mitigar o medo de serem tachadas de amorfas, camaleônicas, indecisas ou covardes, as pessoas *links* são propensas a fazer juízos de valor severos, dizendo que "odeiam" alguém ou algo, ou rotulando categoricamente pessoas ou situações como "tolas" ou "equivocadas" ou "mal-intencionadas". Essa rapidez em classificar com julgamentos categóricos, muitas vezes bem diferente do que pensariam caso se dessem o tempo de refletir, tem o propósito de autoconvencimento de que não são fracas, indecisas ou escorregadias. Portanto, optam por julgar com extrema rigidez em vez de confessar que realmente não sabem o que pensar sobre uma situação. Nesse aspecto, a mutação consiste em aprender a tolerar a ambivalência, as ambiguidades e áreas cinzentas da vida, e as próprias contradições internas (que, antes da mutação, são experimentadas como confusas contradições). Provavelmente, esse é o passo mais difícil desse processo de mutação.

As pessoas *links* precisam aprender a aceitar que sempre haverá situações injustas e que elas mesmas são capazes de cometer injustiças. Também precisam aprender a distinguir as situações que são completamente contrárias à ética e devem ser denunciadas daquelas que são simplesmente resultado da incapacidade do outro de compreender o que está sendo pedido. Essa falta de resposta pode ocorrer porque o pedido é formulado por uma pessoa *link* que não sabe, ou não consegue expressar, o que precisa, ou porque o outro está longe de ser capaz de entender o que lhe é solicitado ou não possui os recursos para atender ao pedido. Outra faceta da mutação nesse aspecto é o aprendizado que fazem as pessoas *links* de definir a medida exata de necessidade de pertencimento e liberdade em cada momento da vida. Precisam aprender a diferenciar o que desejam como gratificação imediata do que necessitam como enriquecimento permanente. Se pedem que a paz chegue imediatamente e sem nenhum esforço, pedem algo impossível de satisfazer. Devem ser capazes de distinguir entre comportamentos verdadeiramente antiéticos ou errados de comportamentos que podem parecer prejudiciais ou injustos, mas que não são antiéticos. E, fundamentalmente, é imprescindível que aprendam a diferenciar quando precisam se proteger de alguém que as prejudica e quando são responsáveis por se colocarem em situações de maus-tratos (mais uma vez, uma forma de autossabotagem devido à culpa que as pessoas *links* sentem ao cuidar de si mesmas).

8. *Aprender a ser pacientes e compassivas consigo mesmas* quando enfrentam situações complexas e experimentam emoções que resultam tanto de rejeitar os outros e de se sentirem ou serem rejeitadas pelos outros quanto de sentirem que traíram ou se sentem traídas por outros. As pessoas *links* se sentem mal e/ou culpadas em todos esses cenários – sentindo-se traidoras ou traídas – e devem lidar com essas complexidades emocionais ao longo de toda a vida. As múltiplas verdades que as habitam fazem com que se sintam impostoras quando escolhem uma verdade porque sabem que é parcial e, ao mesmo tempo, traidoras em relação às verdades não escolhidas naquele momento.

A autossabotagem está presente na trajetória de vida das personalidades *links*. A frase "justo quando tenho tudo para ganhar, eu perco" é recorrente nesse tipo de pessoa. A culpa paranoide (mesmo que não tenham cometido nenhum ato intencionalmente ruim), o medo de estar usando suas capacidades empáticas a serviço delas mesmas e não a serviço dos outros, o cuidar de si mesmas em primeiro lugar (quando normalmente escolhem negligenciar a si mesmas em favor dos outros) as leva à autopenalização na forma de autossabotagem.

Por essa razão, devem desenvolver compaixão e paciência consigo mesmas para superar esses sentimentos negativos. O ponto-chave nesse processo de desenvolvimento de compaixão e paciência é aprender a discernir se a culpa que sentem é pertinente à situação que a provocou ou se vem de um fantasma infantil que foi ativado pelas circunstâncias atuais. As pessoas *links* precisam aprender a lidar com a culpa que sentem em determinado momento, analisando a situação para determinar se realmente fizeram algo errado ou se, simplesmente, fizeram algo que a outra pessoa não gostou ou se sentiu incomodada por razões alheias ao acontecido. Se perceberem que não fizeram nada errado, podem controlar a compulsão de se castigarem provocando a raiva do outro, como aprenderam a fazer desde pequenas. Somente por meio desse processo de autoanálise e introspecção, diferenciando os critérios éticos pessoais das crenças que a moral social lhes impõe, as pessoas *links* aprendem a ser pacientes, compassivas e equânimes consigo mesmas.

9. *Reconhecer que precisam dos outros e que querem pertencer a uma comunidade.* As pessoas *links* precisam pertencer. Precisam de um lar, de relacionamentos amorosos e sociais e de um trabalho onde se sintam dignas e aceitas. No entanto, têm dificuldade em aceitar que desejam pertencer porque associam essas coisas e essa forma de viver à dependência e à fraqueza. Como passaram a infância sentindo que seus pais não puderam lhes ensinar nada adequadamente ou cuidar delas da maneira que precisavam, crescem sentindo que devem "fazê-lo sozinhas", que só podem depender de si mesmas, e que depender dos outros de sua família ou comunidade significa que não são pessoas fortes e que, portanto, correm o risco de cair nas mãos de aproveitadores. Nesse aspecto, e depois de tanto tempo sendo autodidatas, suportando a síndrome do impostor, sentindo vergonha e culpa relacionadas às muitas vezes em que falharam em suas tentativas de fazer as coisas do seu jeito, a mutação consiste em reconhecer que, como todo ser humano, precisam dos outros em suas vidas, e que depender, às vezes, da ajuda de outros e desejar pertencer a uma comunidade não significa que são fracas ou submissas. Uma vez que aceitam isso, podem definir com precisão a qual comunidade ou comunidades desejam pertencer e, em seguida, presumindo que sejam bem-vindas nessas comunidades, podem escolher pertencer a elas. Esse pertencimento não significará um aprisionamento se as diferentes partes contraditórias de uma pessoa *link* estiverem integradas entre si em um paradoxo harmonioso.

10. *Equilibrar o medo de serem domesticadas com a profunda necessidade de aprenderem a se controlar e controlar suas reações emocionais impulsivas.* Por um lado, as pessoas *links* temem que, se aceitarem as formas convencionais de navegar pela vida, se sintam confinadas como se estivessem vivendo em uma pequena caixa ou em uma cela de prisão, na forma de um lar, um relacionamento ou um trabalho que experimentam como condições opressivas. No entanto, sabem, mesmo que não expressem abertamente, que precisam parar de agir de maneiras "estranhas" e de exibir comportamentos que outros acham incompreensíveis, intoleráveis ou até mesmo assustadores e perigosos, se quiserem deixar de ser marginalizadas ou rejeitadas pelos grupos afetivos, relacionamentos ou empregos aos quais gostariam de pertencer. As pessoas *links* precisam encontrar seu próprio ponto de equilíbrio dentro da tensão criada por essas duas necessidades opostas. As pessoas *links* sofrem de medos. Algumas têm medo de voar, outras do escuro, outras de ficarem sozinhas consigo mesmas. O medo de serem acusadas de manipulação por fazerem com que outros sigam seus caminhos, ou de impostoras por

prometerem algo que não podem cumprir. O medo de decepcionar os outros e de não corresponderem às grandes expectativas construídas em torno de suas ideias. O medo de serem mesquinhas ou más se não compartilharem seus sonhos com os outros ou, ao contrário, serem más se desviarem, com seus sonhos, os outros de seus caminhos, sem considerar as possibilidades, as condições concretas e os sonhos dos outros.

O medo que todas compartilham, mas que muitas não conseguem expressar em palavras, é o medo do fracasso, que se manifesta de muitas maneiras diferentes: o medo de não encontrar *o* lugar, *o* objeto, *o* trabalho, *a* relação afetiva, *o* modo de vida que acreditam que lhes dará a sensação de paz que tanto desejam. No entanto, vencer, sentir-se pertencendo a esse lugar, trabalho, relacionamento afetivo e, ao mesmo tempo, manter a liberdade de serem elas mesmas, lhes dará a validação de que a energia e o esforço gastos em sua busca valeram a pena. Isso mudará o rótulo de fantasiosas loucas para corajosas e criativas.

A origem desses medos relacionados ao fracasso está no fato de as pessoas *links* não seguirem um mapa já testado e legitimado pelas convenções sociais para navegar em suas vidas. Elas não têm outra escolha senão criar seu próprio caminho na base de ensaio e erro. Não podem senão "fazer o caminho ao caminhar". Como sabemos, os caminhos que as pessoas *links* seguem em suas vidas tendem a ter mais erros do que acertos, portanto, o medo é totalmente compreensível. A única coisa que pode diminuir o medo é o compromisso ético de tentar prever, na medida do possível, as consequências negativas (para si e para os outros) da busca, e assumir a responsabilidade pelas consequências (para si e para os outros) de suas ações. Isso significa tornar-se responsável por suas ações.

Os dois sinais que indicam que elas podem respirar aliviadas, que não é necessário torturar-se com pensamentos obsessivos sobre o que foi feito de errado, porque fracassaram novamente ou porque surgiram mal-entendidos são os seguintes:

a. A culpa paranoide e a sensação de merecerem ser punidas, mesmo sem saber por que, diminuem significativamente.

b. Permanecer e aceitar as limitações de uma situação específica não desencadeia reações de raiva incontrolável por não poderem agir "do meu jeito". Pelo contrário, reconhecer o impossível produz uma estranha sensação de alívio.

Em última análise, as pessoas *links* adultas precisam aprender a reconhecer e entender, desde que tenham a capacidade de refletir sobre suas emoções, os sinais que vêm do mais profundo delas mesmas: seus sentimentos mais íntimos de estar bem ou mal alimentadas, de se sentirem confortáveis ou desconfortáveis consigo mesmas ou com os outros, de gostarem ou não de si mesmas por se sentirem boas ou más, fracas ou fortes. Elas também devem diferenciar essa informação quase corporal, sentida como intuição, da informação que se origina no que Antonio Damasio (2003) chama de "mapas falsos da mente", provenientes das ideologias e dos valores que as regras sociais lhes impõem e que, muitas vezes, funcionam em oposição às suas próprias necessidades, negando as informações recebidas das cenestesias.

Quando as pessoas *links* alcançam o ponto em que conseguem fazer isso, depois de passarem pelas diversas etapas do processo de transformação descrito aqui, sentem-se confortáveis consigo mesmas e com os outros. São capazes de reconciliar o conflito entre a liberdade e o pertencimento que experimentaram ao longo de toda a vida e encontram maneiras de "se encaixar" que não comprometam quem são, permitindo-lhes ser seus próprios *links* completos, evoluídos e únicos, pessoas com muita originalidade e engenhosidade para contribuir e, igualmente importante, para serem apreciadas e valorizadas por aqueles ao seu redor.

2. Liberdade e pertencimento

Para encontrar o lugar da tranquilidade, ou o sentido de Casa, que procuram, os *links* devem abandonar o sofrimento que vivenciam devido à tensão dentro deles, causada pela necessidade de liberdade e pertencimento. As ilustrações a seguir, feitas por Nadam Guerra, resumem o processo de mutação que os *links* devem passar para encontrar o lugar onde podem ser-lhesimultaneamenteme livres e pertencer a um grupo, sem sentir que dev.em escolher entre as duas possibilidades ou que estão traindo a si mesmos ou a quem amam escolhendo uma em vez da outra.

Link

Pertencimento ou liberdade?

A personalidade *link* tem dois aspectos:
um que precisa pertencer...

...e outro que precisa ser livre.

Assim, os *links* têm um dilema:

Como decidir honrar um aspecto sobre o outro?

Quando pertencer?
Quando ser livre?

Pertencer quando deseja ser livre.

Sentindo-se aprisionado

Pertencer quando deseja ser livre.

Abandonando necessidades

Ser livre quando quer pertencer.

Sentindos-se um traidor

Ser livre quando quer pertencer.

Sentindo-se isolado

Os *links* adotam uma entre quatro estratégias para saírem da paralisia provocada pelo seu dilema.

Rebelde   Excêntrico   Escondido   Mártir

O Rebelde e o Excêntrico escolhem a liberdade por meio de constante oposição ou constante isolamento.

O Escondido e o Mártir escolhem pertencimento por meio de constante autorrepressão ou constante sacrifício pessoal.

Entre aqui e lá

Mas essas maneiras de ser

– dividindo, separando e negando –

têm sua raiz em

OU

É possível ser livre

E

pertencer
ao mesmo tempo?

SIM

Os *links* podem aprender
a integrar, conectar e criar ao substituir
OU por E.

Conectando

Integrando

Criando

Isso lhes permite se sentirem em paz porque podem pertencer a um grupo sem se sentirem aprisionados.

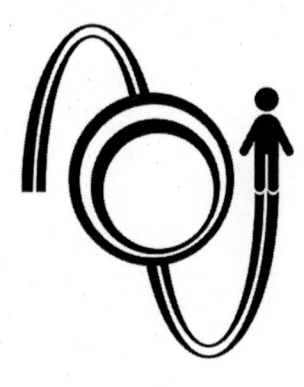

E

manter sua autonomia sem se sentirem traidores.

**Podem finalmente resolver seu dilema
e ser a mesma pessoa
para si mesmo e para os outros
ao mesmo tempo, no mesmo lugar.**

Como mostram essas ilustrações, quando os *links* emergem do outro lado do processo de mutação, são capazes de conciliar sua necessidade de se sentirem livres com a necessidade de pertencer a uma comunidade. Podem viver de uma maneira que lhes permita encontrar pessoas, grupos, empregos e instituições que estejam alinhados com o que têm a oferecer. Podem pedir exatamente o que precisam e ser escolhidos porque entendem melhor quem são. São capazes de experimentar a alegria e a reciprocidade ao encontrar pessoas que podem lhes dar o que pedem, e mostrar gratidão pelo que recebem delas.

Apêndice

> *Se eu não for por mim, quem será?*
> *E se estou apenas para mim, o que sou eu?*
> E se não agora, quando?"
>
> Hillel, *Pirkei Avot* (1:14)

Ser, ao mesmo tempo, a mesma pessoa para si mesmo e para o outro é um dos dilemas mais complexos e menos explorados na vida cotidiana.

Para as pessoas *links*, esse dilema é ainda mais urgente devido à dicotomia inevitável criada pela tendência de ser para e a partir dos outros, dada a capacidade inata de empatia global e a necessidade imperativa de separação para existir como indivíduo autônomo.

Portanto, saber quem sou, o que posso oferecer e o que preciso pedir, o que me atrai e o que rejeito, quais são minhas crenças sobre o mal e o bem, o forte e o fraco, o admirável e o detestável, é o trabalho de discriminação que a bússola da *precisão* permite realizar.

Uma vez que essas características pessoais estejam claras, pode-se buscar quem ressoa com elas, quem as procura e as quer, e quem as nega e as rejeita, usando a bússola da *ressonância*.

E, finalmente, pode surgir a alegria de encontrar a *reciprocidade*, orientados pela bússola que nos leva ao outro que pode nos dar o que buscamos e nutrir o que temos para oferecer.

Esses exercícios pretendem ajudar-nos a ser precisos na definição do nosso ser, para não confundir o outro com mensagens contraditórias nem nos irritarmos quando não recebemos o que pensávamos que estava claro em nosso pedido.

Exercícios para o processo de mutação

1. O jogo dos papéis
Este exercício é inspirado na Psicologia da Gestalt, criada por Fritz Perls na década de 1940, com base em conceitos da psicanálise, da análise de caráter de Wilhelm Reich, da filosofia existencial, da religião oriental, da fenomenologia e do psicodrama de Jacob Levy Moreno. Afirma que a mente é uma unidade autorreguladora e holística, e baseia-se no princípio de que o todo é mais do que a soma das partes. Coloca ênfase no momento presente e na autoconsciência da experiência emocional e corporal, geralmente censurada na cultura ocidental.
Imaginar um diálogo entre duas pessoas, ou dois personagens, reais ou inventados, que mantêm posições opostas sobre algum tema significativo. Estão sentados à mesa, um de frente para o outro.

1. Descrever esses personagens com o máximo de detalhes possível.
   Como são?
   O que pensam?
   Como agem?
   Como se apresentam?
2. Voltar à cena do diálogo entre ambos os personagens.
   O que dizem um ao outro?
   O que pensam, mas não dizem?
   Como o dizem?
3. Tomar distância do diálogo para entender qual é o tema e quais são as duas posições.
4. Descrever o tema ou conflito em uma palavra, conceito ou frase.
5. Fazer uma lista de características para cada uma das posições.
   Em que diferem?
   Em que se assemelham?
6. Voltar ao diálogo entre os dois personagens. Nessa instância, se os dois personagens não foram capazes de encontrar algum ponto em comum, introduzir um terceiro personagem que integre ambas as posturas e permita tratar o conflito com respeito.
   O que diz a voz?
   Como se expressa?
   O que sugere?
   Qual é o tom?
   Como respondem ambos os personagens ao que a voz diz?

Esse exercício promove a integração de partes do eu que, por serem sentidas como perigosas, desagradáveis, negativas, são dissociadas e projetadas em outra pessoa. O importante é reconciliar-se com essas partes rejeitadas e/ou negadas de si mesmo e recuperar os elementos positivos que também foram expulsos na tentativa de eliminar as dificuldades das dissonâncias cognitivas que, devemos reconhecer, são inevitáveis no desenvolvimento humano.

2. Objeto mágico

Este exercício tem como objetivo conhecer e fazer as pazes com o aspecto sombra de cada pessoa, com aquela parte de si mesmo que causa desconforto porque é percebida como má. Geralmente, esse aspecto sombra, no caso dos *links*, está ligado à necessidade de liberdade, de ser para si mesmo e consigo mesmo, e de ter o poder que permite alcançar os próprios desejos.

Vladimir Propp, em 1928, analisou contos populares e identificou uma série de pontos recorrentes que criavam uma estrutura constante em todas as narrativas. Demonstrou que essa estrutura mostra um conflito desencadeado pela existência de um objeto mágico, um bem muito precioso que está indevidamente nas mãos do anti-herói, e que a ação começa quando o herói decide recuperá-lo. Nesta tarefa, ambos os personagens são modificados. O herói deve recorrer a habilidades que não costuma usar porque as considera perigosas ou más, e o anti-herói deve se conectar com sua necessidade de não ser marginalizado pela sociedade pelo uso indevido do objeto mágico.

A definição mais clássica e abrangente de um herói é a de alguém que se dedica a ajudar os outros de maneira desinteressada. É importante destacar que o que torna alguém um herói em uma sociedade pode transformá-lo em um anti-herói em outra. Quem representa o "bem" depende dos valores que possui a sociedade ou a cultura onde se desenrola o conflito.

Assim como o herói, o anti-herói luta por causas justas, mas existem diferenças fundamentais. As motivações do anti-herói tendem a ser mais ambíguas e egoístas. Compartilha os valores da sociedade, mas é capaz de usar os métodos dos vilões da história para defender esses valores. O herói, no entanto, acredita nos valores manifestos e nos sistemas da sociedade, mas justamente por isso se recusa a usar estratégias manipuladoras de poder que, muitas vezes, são as que possibilitam ganhar em situações competitivas.

1. Imaginar uma qualidade muito desejada da qual se carece, qualidade que, a partir de agora, será chamada de objeto mágico.
2. Anotar o que é esse objeto.

3. O objeto mágico está nas mãos de alguém (anti-herói) considerado indigno de tê-lo, pois pode fazer mau uso do poder que esse objeto mágico possui.
O anti-herói pode ser uma pessoa real ou inventada. O importante é que seja um personagem que cause, ao mesmo tempo, admiração (porque possui o objeto mágico) e rejeição (porque faz uso inadequado dele).
Quais características o anti-herói possui que lhe permitem ter o objeto mágico?
Por que o herói não gosta dessas características?
O que é rejeitado no herói e o que é rejeitado no anti-herói?
4. Imaginar uma pessoa que decide realizar um feito heroico para resgatar o objeto.
Quais características o herói possui que dificultam obter o objeto mágico?
5. O herói que decide ir em busca do objeto mágico pode fazê-lo de boa vontade, com relutância, com raiva, eufórico, com medo etc. O herói não está necessariamente tranquilo com essa decisão. Não é uma façanha fácil para ele, mas está determinado a tentar.
Por que ele faz isso?
O que acontecerá com ele se for vitorioso nessa tarefa?
O que ele precisa mudar em si mesmo, em suas crenças e em seu estilo para poder enfrentar o anti-herói?
O que mais admira no anti-herói?
O que mais teme no anti-herói?
Por que é tão importante apoderar-se do objeto mágico?
O que acha que poderá fazer ao apropriar-se dele?

O que se busca alcançar por meio deste exercício é tomar consciência de um atributo que não nos permitimos usufruir, que desprezamos, mas invejamos em outra pessoa que tira proveitos invejáveis desse atributo e provoca sentimentos ambíguos.

María Zambrano (1992), uma filósofa espanhola, descreve a diferença entre admiração e inveja. Segundo ela, admiramos no outro o que não temos possibilidade de realizar devido a incapacidades físicas, intelectuais ou emocionais reais. Invejamos no outro aquilo que poderíamos ter, mas obstáculos pessoais emocionais e ideológicos impedem.

Quando se trabalha com os personagens internos do herói e do anti-herói, com sua luz e sombra, recupera-se o poder interno ao qual se renuncia ao projetar no outro o que é considerado ruim sem sequer considerar a possibilidade de incorporar o poder em bons valores.

3. Medo da inveja

Os mitos são narrativas históricas que, segundo Carl Jung (1979), foram criados a partir de projeções psíquicas de seus criadores em diferentes épocas e culturas, representando manifestações simbólicas do inconsciente coletivo. Podem também ser compreendidos como metáforas de temas humanos universais.

Este exercício é baseado no mito de Eros e Psiquê, e aborda o sentimento de culpa paranoide, ou o medo de ser acusado de algo que, na verdade, não foi um delito cometido pela pessoa acusada. No entanto, algo do inconsciente, das histórias infantis, das relações afetivas entre os membros da família pode ter originado a fantasia de que ser detentora de uma qualidade diferente das dos demais ou ser mais valorizada do que outras pessoas na família a torna merecedora de um julgamento negativo.

Afrodite, a deusa da beleza, fica enfurecida de inveja porque uma simples mortal como Psiquê é mais elogiada do que ela. Envia seu filho Eros para matá-la, mas, apaixonado pela jovem mortal, ele a rapta e a leva consigo para viver nos subterrâneos maravilhosos que constrói como a morada de amor para ambos. As irmãs de Psiquê, invejosas das maravilhas que a aparente vítima está vivendo, instilam desconfiança sobre quem será o vilão que não se deixa ver à luz do dia. Esse mito nos ensina que o amor não sobrevive sem confiança.

Psiquê é condenada (por Afrodite) a realizar tarefas, aquelas que um herói precisa realizar para obter seu objeto mágico, nesse caso, recuperar Eros, detido por Afrodite. Com a ajuda de diferentes situações simbólicas, ela consegue superar as façanhas necessárias para recuperar o que perdeu.

1. Imaginar qual é a qualidade mais importante e valiosa que se possui.
2. Imaginar que essa qualidade abrange toda a pessoa.
3. Visualizar quem se irrita com essa qualidade e do que a acusa.
4. Pensar no que a qualidade tem de fazer para se proteger da acusação e diminuir a raiva.
5. Como a qualidade se sente quando consegue acalmar a raiva?

No exercício anterior, trabalha-se o que a pessoa precisa entender para integrar as forças que estão aprisionadas na sombra de sua personalidade, nos aspectos temidos e rejeitados de si mesma.

Neste exercício, já em posse do objeto mágico que o torna poderoso, o herói precisa aprender a se proteger da inveja alheia.

4. Dúvidas

O mito de Psiquê e Eros ensina que o amor não pode viver sem confiança. E o mito de Orfeu e Eurídice nos ensina que o amor-próprio também sucumbe diante da autodesconfiança. Não se pode desfrutar dos resultados obtidos por meio das tarefas bem executadas pelo herói, incumbido de alcançar o que tanto desejava, se ele duvida de si mesmo.

Assim como Psiquê sucumbe quando finalmente chega à caixa de Pandora e a abre, morrendo em vez de concluir a tarefa de entregar a caixa para Afrodite, o que lhe permitiria recuperar seu amado Eros, Orfeu sucumbe justo quando se aproxima o momento final de sua epopeia.

Orfeu e Eurídice casam-se apaixonados. Na festa de celebração, uma serpente pica Eurídice, que morre envenenada. Podemos pensar que foram os ciúmes de Perséfone ou a ganância de Hades ou, de qualquer modo, os efeitos da inveja transformada em malefícios, que tomaram a forma da serpente venenosa.

Orfeu, que não apenas era admirado por sua beleza, mas também pelas melodias sublimes com as quais encantava seus ouvintes, embarca em uma jornada ao reino subterrâneo dos mortos e consegue impressionar Hades e Perséfone com sua música tão poderosa que encanta e acalma serpentes invejosas. Os deuses lhe concedem a recompensa: ele recuperará sua amada Eurídice se a conduzir de volta ao reino dos vivos sem olhar para ela nem uma única vez. Isso significa que ele deve confiar que ela o seguirá e poderá desfrutar do abraço do reencontro assim que ambos alcançarem a luz do sol. Orfeu, quase na superfície, quase no limiar que separa a vida e a morte, se vira e vê Eurídice desaparecer para sempre de sua vida.

Por que não suporta a dúvida? Por que não confia que ela também deseja se reunir a ele e tem a força necessária para segui-lo no caminho da felicidade?

O acidente trágico acontece porque Orfeu acreditou que já haviam alcançado a luz e não percebeu que um pé de sua amada ainda estava na sombra. O acidente foi resultado da dúvida de si mesmo. Acreditava que não merecia o prêmio? Ou teria pensado que sua música não era poderosa o suficiente para ser comparada aos deuses e fazê-los reconhecer que precisavam dele vivo, nutrindo-se de sua música? Ou será que não se amava o suficiente para se sentir com direito a ser um mortal capaz de vencer uma disputa contra seres divinos que ele idealizava?

1. Recordar uma cena real na qual poderia ter alcançado o que desejava, mas não tentou o suficiente, ou até conseguiu o desejado, mas logo o perdeu por razões internas.
2. Refletir e responder:
   Por que o perdeu?
3. Com o tempo, não ter se esforçado para alcançá-lo ou perdê-lo pouco depois foi melhor ou pior?
4. Procurar entender se não ter ousado tentar ou tê-lo perdido teria sido um sinal de alerta, porque as condições pessoais no contexto mais amplo que o desejo não

estavam corretas e indicavam um perigo não percebido conscientemente, ou se foi uma autossabotagem devido a situações afetivas mal resolvidas.
Foi uma autossabotagem ou um sinal de alerta?
5. O que seria o pior que poderia ter acontecido se tivesse obtido ou mantido o desejado?
6. O que teria mudado positiva e negativamente na vida do herói se tivesse obtido ou mantido o desejado?

Neste exercício, trabalha-se a diferença entre uma autossabotagem e um sinal de alarme inconsciente. A autossabotagem pode ocorrer antes ou depois de se obter os resultados desejados, quando a pessoa teme as consequências indesejáveis que podem advir do sucesso. Pode-se sentir que o sucesso foi alcançado por acaso e temer não estar à altura da responsabilidade decorrente da nova posição. Pode-se sentir que o concorrente tem mais mérito ou pode perder muito mais do que a própria pessoa perderia se falhasse, e o sentimento de culpa ou pesar é maior do que o desejo de sucesso. Pode acontecer que uma situação traumática na infância provoque uma associação entre o sucesso e a perda imediatamente subsequente, e, para evitá-la, evita-se o sucesso.

Às vezes, conseguir o que se deseja provoca um susto tão grande que surge uma autodesconfiança, causada pela sensação de uma conquista não merecida, a síndrome do impostor, ou pela sensação de que a responsabilidade de cuidar desse objeto seria exigir muito, impossível de sustentar.

Não alcançar o sucesso ou perdê-lo logo após conquistá-lo também pode ser um sinal de alerta. Pode ser um bom sinal de alerta, embora inconsciente, para que a pessoa observe e decida conscientemente se continua empenhada em alcançar a proeza e defender sua vitória contra todas as probabilidades. Ou descobre que a proeza alcançada não corresponde a um estado geral de equilíbrio, rompe uma harmonia maior que integre tanto o esforço mental para conquistar o que foi ganho quanto o cuidado dos aspectos emocionais, assim como o estado de saúde corporal e o bem-estar espiritual que acompanha a paz interna.

Como já mencionamos, as pessoas *links*, dada a rapidez em compreender algumas situações da vida devido à empatia global e ao uso constante do pensamento indiciário, sentem que podem e sabem mais do que os outros. Em alguns aspectos, costumam ser muito competentes. No entanto, por não terem aceitado as regras externas do jogo, por sempre tentarem fazer as coisas "à sua maneira", por terem dificuldade em aprender com os outros e não apenas com a própria experiência, podem agir como se fossem onipotentes, como se soubessem muito sobre tudo, em vez de aceitar que podem saber muito sobre poucas coisas.

Então, os sinais de alerta provocados por algum conhecimento inconsciente de incongruência permitem que essas pessoas não tenham de se punir com sentimentos abruptos de impotência. O sinal de alerta não é uma autossabotagem, mas uma autorregulação. É um aviso de algo interno que precisa ser trabalhado. Descobrir o que esse alerta quer nos dizer pode nos levar a trabalhar crenças provenientes de concepções sociofamiliares, traumas infantis, heranças intergeracionais ou de alterações da autoestima como consequência da culpa paranoide que atuam como mandatos sabotadores ou desqualificadores.

Ouvir e compreender o sinal de alerta não como sabotagem, mas como um aviso, permite prevenir ações prepotentes ou contrafóbicas como uma forma de não ouvir os medos internos. Isso nos permitiria ajustar nossa capacidade de alcançar nossos objetivos parciais, mantendo a harmonia com o restante de nossas vidas. E sem o risco de pagar com o fracasso total, com a sensação de impotência catastrófica por não ter dimensionado a necessidade de equilíbrio entre todas as partes de nossa complexa identidade *link*. Às vezes, se não nos entendemos, vencer pode nos levar a nos sentirmos tão ruins que nos puniremos por isso. Ou perder pode ser uma permissão para nos conectarmos com o que nossa verdadeira essência deseja e não obedecer aos desejos inspirados por necessidades alheias a nós.

Bibliografia

AGASSI, Andre *Open:* an autobiography. Nova York: Harper Collins, 2009.

ARON, E. *The highly sensitive child:* helping our children thrive when the world overwhelms them. Nova York: Broadway Books, 2002.

BALAN, S.; CANO, C. *Link and the shooting stars.* Nova York: IP Books, 2002.

BALAN, S.; CANO, C. *Link y las estrellas fugaces.* Buenos Aires: Dunken, 2021.

BISCHOF-KOHLER, D. The development of empathy in infants. In: LAMB, M. E.; KELLER, H. (Eds.). *Infant development:* perspectives from german-speaking countries. Hillsdale: Lawrence Erlbaum Associates, 1991. p. 245-274

BONDER, N. *Our immoral soul:* a manifesto of spiritual disobedience. Boulder: Shambhala, 2001.

BOORSTIN, D. J. *The discoverers:* a history of man's search to know his world and himself. Nova York: Random House, 1983.

BOORSTIN, D. J. *The creators:* a history of heroes of the imagination. Nova York: Random House, 1992.

BOORSTIN, D. J. *The Seekers:* the story of man's continuing quest to understand his world. Nova York: Random House, 1998.

BURUMA, I. *A Tokyo romance.* Bloomsbury: Atlantic Books, 2018.

CALDERÓN DE LA BARCA, Pedro. *A vida é um sonho.* Traduzido por Renata Pallotini. São Paulo: Hedra, 2007.

CARROLL, L.; TOBER, J. *The indigo children:* the new kids have arrived.

Carlsbad: Hay House, 1999.

CHATWIN, B. (1988). *The songlines.* Nova York: Penguin, 1988.

CSIKSZENTMIHALYI, M. *Flow:* the psychology of optimal experience. Nova York: Harper & Row, 1990.

DAMASIO, A. *Looking for Spinoza: Joy, Sorrow, and the Feeling Brain.* Nova York: Houghton Mifflin Harcourt, 2003.

ESOPO. The fox and the grapes. In: *The Aesop for children.* Library of Congress. Disponível em: https://read.gov/aesop/005.html.

FERRY, L. *Learning to live:* a user's manual. Edimburgo: Canongate, 2010.

FESTINGER, L. A *Theory of cognitive dissonance.* Redwood City: Stanford University Press, 1957.

GARDNER, H. *Multiple intelligences:* the theory in practice. Nova York: Basic Books, 1993.

GINZBURG, C. Clues: roots of an evidential paradigm. In: *Clues: myths and the historical method.* Baltimore: Johns Hopkins University Press, 1989. p. 96-125.

GRINBERG, L. *Culpa y depresión:* estudio psicoanalítico. Buenos Aires: Paidos, 1963.

HANSON, R. *Just one thing:* developing a Buddha brain one simple practice at a time. Oakland: New Harbinger, 2011.

HANSON, R. *Supporting positive motivation in teenagers.* 2002. Disponível em: https://www.rickhanson.net/supporting-positive-motivation-teenagers/.

HOFFMAN, M. L. *Empathy and moral development:* implications for caring and justice. Cambridge: Cambridge University Press, 2000.

IACOBONI, M. *Mirroring people:* the science of empathy and how we connect with others. Nova York: Picador, 2009.

JUNG, C. *Aion:* researches into the phenomenology of the self. Editado por G. Adler. Princeton: Princeton University Press, 1979.

JUNG, C. Los arquétipos y lo inconsciente colectivo. In: *Obra completa.* Madrid: Trotta, 2003. v. 9, p. 1.

KURCINKA, M. S. *Raising your spirited child:* a guide for parents whose child is more intense, sensitive, perceptive, persistent, and energetic. Nova York: Harper Collins, 2015.

LANDERO, L. *El balcón de invierno*. Barcelona: Tusquets, 2014.

MERRIAM-WEBSTER. Empathy. In: *Merriam-Webster.com dictionary*. Disponível em: https://www.merriam-webster.com/dictionary/empathy.

MILLER, A. *The drama of the gifted child:* the search for the true self. Nova York: Basic Books, 1997.

NEUFELD, G. *Alpha children*. Neufeld Institute. 2020. Disponível em: https://neufeldinstitute.org/course/alpha-children/.

NEUFELD, G.; MATE, G. *Hold on to your kids:* why parents need to matter more than peers. Nova York: Random House, 2008.

OBAMA, B. *Dreams from my father:* a story of race and inheritance. Nova York: Three Rivers Press, 2004.

ORLOFF, J. *The empath's survival guide:* life strategies for sensitive people. Boulder: Sounds True, 2018.

PAZ, O. Poema circulatorio. In: *Obras completas*. México: FCE, 1994. v. 15.

PERLS, F. S.; HEFFERLINE, R. F.; GOODMAN, P. *Terapia Gestalt:* excitación y crecimiento de la personalidad humana. Sociedad de Cultura Valle Inclan, 2012.

PICHON-RIVIERE, E. *Del psicoanálisis a la psicología social*. Buenos Aires: Galerna, 1971. t. II.

PROPP, V. *Morfología del cuento*. Madrid: Akal, 1998.

SAFINA, C. *Eye of the Albatross: Visions of Hope and Survival*. Nova York: Holt, 2011.

SCHAIRER, S. Empathy, sympathy, and compassion: What's the difference?. *Compassion It*, 27 de agosto de 2017. Disponível em: https:/www.compassionit.com/2017/08/27/empathy-sympathy-and-compassion-whats-the-difference/.

SIEGEL, D. J. *The mindful brain:* reflection and attunement in the cultivation of well-being. Nova York: W. W. Norton, 2007.

SOLOMON, A. *Far from the tree:* parents, children and the search for identity. Nova York: Scribner, 2012.

STERNBERG, R. J. *Thinking styles*. Cambridge: Cambridge University Press, 1997.

STRIJACK, T. Adding the wisdom of play to the wisdom of trauma. 29 de junho de 2021. Disponível em: https://www.neufeldinstitute.org/adding-the-wisdom-ofplay-to-the-wisdom-of-trauma/.

TOGUO, B. The beauty of our voice. Parrish Art Museum, Water Mill, 5 de agosto-21 de outubro de 2018.

WINNICOTT, D. W. *Playing and Reality*. Abingdon: Routledge Classics, 2005.

ZAMBRANO, M. *El hombre y lo divino*. Madrid: Siruela, 1992.